“1+X”证书制度下中职学校计算机应用专业人才培养研究

张永海　秦静　著

湘潭大学出版社
XIANGTAN UNIVERSITY PRESS

图书在版编目(CIP)数据

“1+X”证书制度下中职学校计算机应用专业人才培养研究 / 张永海，秦静著. -- 湘潭 : 湘潭大学出版社，2024. 9. -- ISBN 978-7-5687-1676-5
Ⅰ. TP3
中国国家版本馆 CIP 数据核字第 2025PH7008 号

“1+X”证书制度下中职学校计算机应用专业人才培养研究
“1+X” ZHENGSHU ZHIDU XIA ZHONGZHI XUEXIAO
JISUANJI YINGYONG ZHUANYE RENCAI PEIYANG YANJIU
张永海 秦静 著

策划编辑：丁立松
责任编辑：丁立松
封面设计：熊猫读书
出版发行：湘潭大学出版社
社　　址：湖南省湘潭大学工程训练大楼
电　　话：0731-58298960 0731-58298966（传真）
邮　　编：411105
网　　址：http://press.xtu.edu.cn/
印　　刷：长沙创峰印务有限公司
经　　销：湖南省新华书店
开　　本：787 mm×1092 mm 1/16
印　　张：8.75
字　　数：181 千字
版　　次：2024 年 9 月第 1 版
印　　次：2024 年 9 月第 1 次印刷
书　　号：ISBN 978-7-5687-1676-5
定　　价：68.00 元

前言 Preface

2019 年教育部等相关部门出台了《国家职业教育改革实施方案》《关于在院校实施“学历证书 + 若干职业技能等级证书”制度试点方案》等相关指导性方案，开始在全国范围内启动“1+X”职业技能等级证书制度试点性工作。“1+X”职业技能等级证书制度是将职业技能等级证书与学生毕业证、学历证书相结合，推动我国职业教育发展，提高人才培养质量的重要举措。本书以中职学校计算机应用专业为例，对人才培养方案、教学标准进行分析，以企业人才需求作为目标，以服务学生为宗旨，以就业为导向，提出构建适应于“1+X”证书制度的中职计算机应用专业教学标准，切实提高技能人才培养质量。

随着新一代信息技术加速渗透到社会生活和经济的各个方面，计算机应用呈现出网络化、平台化、服务化、融合化、通用化的新趋势。《关于积极推进“互联网 +”行动的指导意见》《加快推进网络信息技术自主创新》等国家政策的深入推进和落实，对产业变革与计算机应用发展产生了深远影响，国民经济各个领域对通用型、技能型计算机应用人才的需求更加迫切。但笔者通过市场调研，深入企业了解市场人才需求，发现我国对于中等水平的技术性、通用型信息类专业人才缺口巨大，各类职业学校人才输出质量较低，技能人才培养模式有待改进。所以，对于中职学校，只有制定符合现行“1+X”证书制度，满足企业技能需求和社会人才需求的计算机应用专业教学标准，深化人才培养模式改革，才能适应社会对人才培养的需求。

“1+X”证书制度是教育部基于职业教育规律和企业人才需求现状制定的人才质量保证政策，在全国中职学校、高职学校、技能型本科学校实施。该制度通过技术标准既保证了学生在校学习后取得毕业证书，又与企业用人需求和岗位定位接轨，通过考取职业技能等级证书评定的人才技能等级，成为企业评价、聘用人才的重要参考。如何更好地在职业院校实施这一制度，专业教学标准是保障教学质量的尺子，原有的标准已经不能满足新形势下专业教学的需要，如何结合"1+X"证书制度构建新的教学标准是当前中职学校急需解决的问题。

基于以上问题，本书从"1+X"证书制度的内涵与意义出发，研究了其对中职教育的影响，以及"1+X"证书制度下中职学校计算机应用专业人才培养的问题、路径选择和策略。全书具体的行文安排如下：共计七章，第一章是绪论，主要内容是对"1+X"证书制度的内涵与意义、实施策略以及对中职教育实行"1+X"证书制度的依据和现实意义进行了探讨；第二章是中职学校计算机应用专业实行"1+X"证书制度的研究，内容涵盖了"1+X"证书制度下中职学校计算机应用专业现状、"1+X"证书制度下 Web 前端专业有效实行的对策以及开展"1+X"证书制度的策略建议等；第三章讨论了"1+X"证书制度下的计算机应用专业人才培养体系建设，主要研究信息技术人才培养体系建设内涵、信息技术人才培养体系建设意义以及信息技术人才培养体系建设内容等方面；第四章讨论了"1+X"证书制度下的计算机应用专业教学资源库建设，主要内容有信息化教学资源的分类与特点、检索与获取、建设原则以及建设标准。第五章是"1+X"证书制度下中职学校课证融通的实施策略，主要讨论了"1+X"证书制度下课证融通初探以及"1+X"证书制度下的中职学校计算机应用专业课证融通研究；第六章是"1+X"证书制度下的计算机应用专业师资建设，主要涉及师资建设与人才培养的关系、计算机应用专业教师队伍建设的现状及问题，以及计算机应用专业师资队伍建设等方面内容；第七章研究了"1+X"证书制度下的计算机应用专业人才平台构建，主要内容有学科平台建设、实验室建设、实习实训基地建设以及学生科技创新资源共享平台建设。

综上所述，在目前的中职学校职业教育实践中，落实"1+X"证书制度，重新构建专业教学标准有突出的现实意义。本书基于计算机应用专业探讨专业教学标准构建，实现书证融通，为切实提高中职教育教学质量、满足社会技能人才需求提供指导与帮助。

在编写过程中，笔者既对前辈、学者的研究成果有所参考和借鉴，也注重将自身的研究成果充实于其中。尽管如此，囿于编者学识眼界，本书瑕疵之处难以避免，切望同行、专家及读者提出批评意见。

目录 Contents

第一章 绪论

把学历证书与职业技能等级证书结合起来，探索实施“1+X”证书制度，是《国家职业教育改革实施方案》（简称“职教20条”）的重要改革部署，也是重大创新。自2019年开展了“1+X”证书制度试点工作，按照高质量发展的要求，坚持以学生为中心，深化复合型技术技能人才培养培训模式和评价模式改革，提高人才培养质量，畅通技术技能人才成长通道，拓展人才就业创业本领。

第一节 “1+X”证书制度的内涵与意义

一、“1+X”证书制度的广义与狭义之分

从广义上来说，凡是有利于提升毕业生就业创业能力的证书，如全国大学生英语四六级证书和全国计算机等级证书等社会通用型证书、职业资格证书、各类职业技能等级证书等都在“X”证书范围之内。从狭义上来说，“X”证书仅指纳入教育部、人力资源社会保障部目录管理的，由职业教育培训评价组织考核与发放的职业技能等级证书。这里所指“X”证书为教育行政部门在职责范围内负责管理监督考核的，在院校内实施的职业技能等级证书。

（一）“1+X”证书制度与双证书制度的区别

1996年颁布的《中华人民共和国职业教育法》规定：“实施职业教育应当根据实际需要，同国家制定的职业分类和职业等级标准相适应，实行学历证书、培训证书和职业资格证书制度（即‘双证书制度’）。”部分职业资格证书具有强制性，尤其是与国家安全、公共安全、公民人身财产安全关系密切的岗位（工种），上岗前必须取得相应职业资格证书。职业技能等级证书是职业技能水平的凭证，反映职业活动和个人职业生涯发展所需要的综合能力，是一种不同于职业资格证书的新型证书。在实施过程中，不强制学生考取职业技能等级证书，不与学生毕业挂钩，学生可自主选择考取的证书类别、等

级。因此，"1+X"证书制度不是"双证书"制度的翻版和简单升级。两者是职业教育发展过程中，响应不同时期社会需求和岗位要求的政策制度。

（二）"1+X"证书制度与"学分银行""国家资历框架"的关系

"学分银行"是一种模拟或借鉴银行的功能特点，使学生能够自由选择学习内容、学习时间、学习地点的管理模式，我国一些地区和部门如广东省、上海市、国家开放大学等已开展了有关实践。国家资历框架是根据知识、技能和能力（素养）的要求，将一国范围内各级各类学习成果（教育文凭、职业资格等）进行系统整理、编制、规范和认可而构建的连续性、结构化的资历体系。通过"学分银行"，可实现学历证书和职业技能等级证书所体现的学习成果的认证、积累和转换。国家资历框架中不同资历等级的通用能力标准，通过知识、技能、能力三个核心要素来进行描述，与职业技能等级证书考核中的专业理论知识、技能操作和职业素养要求完全对应，因此"1+X"证书制度是构建国家资历框架的基础性工程。由此可见，三个制度互为条件，应协调推进，共同为拓宽技术技能人才持续成长通道护航。

二、"1+X"证书制度的意义

（一）实施"1+X"证书制度是提高中职学校人才培养质量的需要

随着我国经济的快速发展，产业升级速度加快，产业结构需不断进行调整。在这样的时代背景下，产业对所需技术技能人才的要求越来越高，各行各业对复合型、创新型的技术技能人才的需求越来越大，这就意味着那些不能适应产业发展的专业技能人才将逐渐被淘汰。为了应对这种变革，必须提高中职学校的人才培养质量。这就需要中职学校将人才培养目标定位在培养符合时代要求的复合型技术技能人才上，培养出的人才不仅需要掌握本岗位最基本的工作技能，还必须对岗位群中的其他岗位生产内容有所了解。"1+X"证书制度将学校学历教育和社会用人需求结合在一起，正好可以满足中职学校提高人才培养质量的需要。

（二）实施"1+X"证书制度是深化中职学校人才培养培训模式和评价模式改革的重要途径

在"1+X"证书制度试点实施以前，"双证书"制度被大力推崇，"双证书"即两种不同类别的证书，一种是学历文凭，另一种是职业资格证书。但是，随着时代变化，双证书制度出现了一些新问题。比如证书的覆盖面不够、不能及时反映科技发展趋势和市场需求变化、培训模式证书管理存在体制机制不顺等。为了弥补"双证书"制度的不足，"1+X"证书制度应运而生。"1+X"证书制度的核心是职业技能等级证书，职业技能等级证书与"双证书"制度中的职业资格证书不同，它是指"通过职业教育与职业培训，获取的某个职业的技能等级认可证书，换句话说就是在这个岗位上你所能达到的技术等级的资格证书"。而职业资格证书是指"学习者通过职业资格考试，由国家授予相应的职业资格证书，证明职业技能持有人的专业能力，以作为职务晋升和收入提高以及从事某种行业的法定注册凭证”。职业资格证书作为不同层次职业入门门槛、组织建设门槛而存在，在入职、组织的行业准入等方面扮演了重要的角色。职业技能等级证书不是职业的门槛要求，而是在特定的标准之下，对不同职业形成的相对统一的职业水平等级证书，证明证书的持有者在该证书的职业领域有特定层次的技能水平。综合来看，职业技能等级证书与职业资格证书在概念上、口径上、划分的等级层次等方面都存在差异，但将“双证书”制度和“1+X”证书制度进行对比，可以说“双证书”制度为“1+X”证书制度奠定了实践基础。中职学校通过实施“1+X”证书制度，可以弥补“双证书”制度的不足，深化中职学校人才培养培训模式和评价模式改革。

（三）实施“1+X”证书制度能拓展中职学校学生的就业创业本领

“1+X”证书制度将“学历证书”和“若干职业技能等级证书”进行有机衔接，旨在培养高技术技能的复合型人才，中职学校按这样的要求培养出来的学生，在就业能力上势必占有一定的优势。因为他们在学校期间不仅仅是掌握了一项技能，而且对岗位群中的其他岗位的生产内容也有所了解，并且还获得了相关的职业资格认证。这不仅能增强中职学校学生的就业保障，同时也拓宽了他们的就业渠道。此外，中职学校的学生在学校经过了多种技能的培训，这对他们进行自主创业也有很大的帮助。因为学生在学校的学习过程中对多个技能领域都有所了解，所以他们在进行自主创业时眼光不至于太狭隘，创业的选择也就不会局限于一种。

（四）实施“1+X”证书制度有利于提升中职学校师资队伍水平

《关于在院校实施“学历证书+若干职业技能等级证书”制度试点方案》中提到，学校要打造一个能够满足教学与培训需求的教学创新团队，团队的建设关键在于师资的培养，所以实施“1+X”证书制度对师资队伍水平的提升具有重要意义。具体来讲，中职学校实施“1+X”证书制度的目的在于培养学生的多项技能，而要达到这个目的，就需要教师给学生教授相应的知识和技能。在这个过程中，中职学校的教师需要不断地去提高自我的知识和能力水平，只有这样才能满足实施“1+X”证书制度的需要。所以对于教师而言，实施“1+X”证书制度有利于其专业发展，从而带动中职学校师资队伍水平的提升。

第二节 “1+X”证书制度的实施策略

一、“1+X”证书制度试点面临的挑战

美国著名心理学家戴维·麦克利兰（D.C.McClelland）于1973年提出的“冰山模

型"理论，将人员个体素质的不同表现划分为表面的"冰山以上部分"和深藏的"冰山以下部分"。"冰山以上部分"包括基本知识、基本技能，是外在表现，容易了解与测量的部分，相对而言也比较容易通过培训来改变和发展。而"冰山以下部分"包括角色定位、自我认知、品质和动机，是人内在的、难以测量的部分，它们不太容易通过外界的影响改变，但却对人员的行为与成长起着关键性的作用。因此，职业技能等级标准要切实反映和评价某一职业能力的难度在于"冰山以下部分"的职业素养。纵观已公布的职业技能等级标准，主要是基于知识、技能的呈现，职业素养要求方面非常欠缺。此外，对"X"的考核大都强调上机考试，而现场操作考核取舍不一，说明"冰山以下部分"的能力评测没有被重视，这影响了评价的完整性。

1. 企业主体作用未能充分发挥

培训评价组织是"X"的颁证主体，是来自于中职学校之外的企业，可见，"1+X"证书制度本质上体现了校企合作育人。由于长期以来，企业的主体作用未能很好地在我国产教融合中得到发挥，目前，从培训评价组织的参与积极性来看，教育型企业远高于生产型企业，培训评价组织的行业公信力不强，导致"X"社会认可度不高。因此，在"1+X"证书制度实施中，更加要发挥企业的主体作用，吸引越来越多的企业尤其是非教育型企业，包括行业协会、龙头企业、骨干企业，还包括跨国公司，积极参与到职业教育中来，确保职业技能等级标准更加符合企业的用人需要，使得"X"更具有社会影响力，更好地证明学习者的综合能力，更好地帮助学习者就业创业。

2. 国家学分银行和资历框架还不健全

"1+X"证书制度、学分银行、资历框架在"职教 20 条"中多次相连出现，例如，第一条指出"推进资历框架建设，探索实现学历证书和职业技能等级证书互通衔接"。再如，第八条指出"职业院校对取得若干职业技能等级证书的社会成员，支持其根据证书等级和类别免修部分课程，在完成规定内容学习后依法依规取得学历证书。对接受职业院校学历教育并取得毕业证书的学生，在参加相应的职业技能等级证书考试时，可免试部分内容。从 2019 年起，在有条件的地区和学校探索实施试点工作，制定符合国情的国家资历框架"。可见，在制度设计层面，"1+X"证书制度需要以学分银行、资历框架为支撑。当然，在实施层面，"1+X"证书制度实施确实需要依托资历框架，需要利用学分银行。但是，目前我国还没有建立国家资历框架，国家学分银行的覆盖面还不够广泛和深入，对"1+X"证书制度实施是一大挑战。

3. 书证融通的专业建设和课程开发能力不足

"1+X"证书制度要求育训结合、书证融通，中职学校以专业为出发点，选择对应的"X"，将该证书的标准及培训内容与现有专业教学标准及课程内容比照，从而确定需要附加的培训内容及学时。"1+X"证书制度倡导在人才培养方案中"嵌入"培训内容，实现培训内容与原有课程内容共生共长。目前，在试点期，由于不少学校原有专业建设和课程开发能力不强，书证融通未能找到科学路径，加之培训评价组织的指导力度有限，受其利益驱动等影响，考证成了新的“指挥棒”，简单照搬考证内容的现象较为普遍。一是简单“叠加”，将证书的全部培训内容完整植入到原有专业人才培养方案中，造成学时不够用，大大增加学生负担；二是降低学历教育要求，删掉部分原有课程，全部照搬培训内容，将学历教育简化为职业培训。

二、推动“1+X”证书制度实施的策略方法

“1+X”证书制度是健全我国职业教育和培训体系的重要抓手，以育人评价发挥企业的主体作用，促进产教融合，倒逼职业教育改革的一项制度创新。诚然，“1+X”证书制度试点的现实状况与条件要求仍存在不小差距，必须提升“X”的内涵质量，强化标准体系建设，构建市场化管理机制。

1. 以职业活动为载体，反映综合能力，建构课程内容，检测能力的达成度，确保证书的“含金量”

能力是内隐的心理特征，因此它难以外显，尤其是藏于“冰山以下”的部分，但是，能力可以在相应的职业活动中外显。例如，一项工作的完成，不仅可以反映一个人具备的知识和技能，还可以反映其工作的态度，是积极还是消极，是认真还是粗心。在工作表现中可以窥视情感、态度、价值观。所以，职业活动应成为能力反映、培养及评价的重要载体。

（1）以职业活动为载体，结构化呈现职业技能等级标准。某一职业的职业活动是对企业从业者实际工作内容的提炼、概括，按“工作领域→工作任务→职业能力要求”三级分解的方式来描述。

“工作领域”指将职业或岗位群所涉及的职业活动，按工作性质、流程或要求分解而成若干工作范畴或范围，一个工作领域应包含完整的工作过程或项目，具有整体性、独立性。“工作任务”指某一工作领域的活动环节或事项，是完整工作的局部，具有稳定性、普遍性。“职业能力要求”是完成某一工作任务应具备的能力要求，通常采用行为、条件、标准、结果来衡量，如“能做什么”“怎么做的”“做的怎么样”，具有直观性、可测性。这些能力要求还可以进一步细分为知识、技能、态度（职业素养），由于职业素养具有通用性，因此不必与工作领域一一对应，可以统一反映。

（2）以职业活动为载体，构建课程内容。以职业能力要求为目的，将工作领域转化为一个个学习项目，以完成工作任务为学习过程的主线，让学习者在完成工作的过程中学习相关的知识、技能，形成应有的态度，从而实现能力的培养，这就是“X”培训课程的构建思路。其实，这也是职业教育专业建设和课程开发的重要思路，长期以来，职业教育强调打破学科课程体系，大力倡导基于工作过程重构课程内容，“1”和“X”的

课程构建思路是一致的。例如，随着近年来光伏行业的火热，于都县职业中等专业学校与浙江瑞亚能源合作试点1+X证书培养方案，合作以光伏运维工程师证书为试点，成立领导小组，加强资金保障，坚持书证融通、质量为上、稳步推进三原则，采用绩效考核的模式首先在学校推进培训师的培训，深化教师、教材、教法"三教"改革。因此，该制度的实施必将推动中职学校的专业建设与课程改革。

（3）以职业活动为载体，考核评价能力，检测目标达成度。依托职业活动，开展设计一份活动方案、生产一个产品……的考评，即开放性的现场操作考核，不仅"X"而且"1"的评价也十分必要。对于职业能力的培养乃至测评，切忌简单地将知识归类、技能归类转化为单独的知识培训或技能训练内容。在教学中将知识、技能乃至态度割裂开来培养，将考核评价也分为知识理论考核和技能操作考核，这是非常不完整的职业能力考评，因为要素的割裂，而难以反映结构化的职业能力，更无法关注到职业生涯成长和职业岗位能力的迁移。

2. 以标准体系建设为核心，规范证书的开发、培训、考核及学分管理全过程，保证考证的质量

（1）建立初级、中级、高级的通用等级标准。借鉴资历框架的思想，以能力为核心，确定初级、中级、高级三个级别的划分标准，例如，广东终身教育等级标准（资历框架），从知识、技能、能力三个维度，确定了七个级别的通用标准。将通用等级标准作为职业教育各专业学历教育的中职、高职、应用本科分层的重要依据，同时也是"X"的初级、中级、高级分级的重要依据。由此，不仅有效实现"1"和"X"的有机匹配，而且为国家资历框架的建立提供重要实践经验。

（2）建立职业技能等级标准的开发标准。针对目前职业技能等级标准开发缺乏统一性指导的问题，建立开发标准。一是规范目前形式不一、结构不一的职业技能等级标准的表现形式；二是明确路径、方法和要求，优化职业技能等级标准的开发过程，提高职业技能等标准的质量，切实反映职业活动和个人职业生涯所需要的综合能力。

（3）建立"1"与"X"的学分标准。借助国家或区域学分银行信息系统，确定"1"与"X"所对应课程的学习成果认定标准、学分计算标准、学习成果转换标准等，实现学分认定、存储和转换，使学习者最终通过学分积累与转换，取得各种证书，在实践层面推动学分银行的建立。

（4）加快建设"1"和"X"的标准体系。标准是质量的保证，"1+X"证书制度实施涉及一系列标准建设，包括职业标准、职业能力等级标准、专业教学标准、课程标准，等等。因此，标准建设是"1+X"证书制度实施的基础和核心。

3. 建立市场化的管理机制，重遴选、强监管，推动"1+X"证书制度的健康发展

"1+X"证书制度涉及多方主体，培训评价组织是"X"开发、考核和发证的主体，

学生以及社会成员是参与培训和考证的主体，政府尤其是教育行政部门是证书监管的主体。建立“1+X”证书制度多主体协同发展的管理机制迫在眉睫。

（1）坚持市场化的管理思想，积极推进“放管服”。目前，政府以社会化机制公开招募并择优遴选培训评价组织，通过放宽准入、严格末端的方式监督执法，体现了政府部门的简政放权、放管结合、优化服务的“放管服”管理方式的转变。“1+X”证书制度的起步阶段，由于“X”还远远不能满足各专业的需要，为做大市场，行政层面的号召、投入、扶持助推的力度很显现，但随着“X”市场的壮大，政府要转变角色，将“X”交给市场调节，由市场优选含金量高、认可度高的证书，学习者自由选择考证。

（2）建立和维护良好的证书市场秩序。首先，必须重“遴选”和“培育”，少“规划”。“职教 20 条”提出在已成熟的品牌中遴选一批，在成长的品牌中培育一批，在证书缺失的领域规划一批的原则，但从市场化管理角度，教育行政部门应将工作重点从“规划”转为“遴选”和“培育”，引导在行业具有公信力和影响力的证书机构进入培训评价组织，还可以发挥国外培训机构的优势，吸收国外具备行业先进性的证书进入目录。其次，要强化监管，避免证书乱象的问题再现。教育行政部门秉承“双随机、一公开”的抽查和监督机制，定期对职业技能等级证书相关工作进行抽查，对证书的培训质量进行评价。对于出现“乱培训”“滥发证”“滥收费”等问题的培训评价组织，“一票否决”取消其资格，退出目录清单。

第三节 中职教育实行“1+X”证书制度的依据和现实意义

一、政策支持

国家出台的教育政策为职业教育改革发展引领方向，是职业教育教学改革发展的指路明灯。然而任何一种教育政策文本的制定都有它制定的不同目的和意图，有的是为了解决教育发展过程中出现的问题，有的是在现有教育的基础上促进教育更好地发展，从而使教育的办学职能得到最大限度的发挥。自近代以福州船政学堂为代表的现代职业教育出现以来，国家各个部门多个文件多次明确提出要大力发展职业教育，为其发展制定一系列重大战略部署。

中等职业教育的发展意义非凡，从颁布的大量中等职业教育政策文件内容结合时间来看，主要可分为以下几个方面：

1.1978 年至 1984 年

这一时期中等职业教育政策主要倾向扩大职业学校规模和调整学校结构单一问题。

2.1985 年至 1996 年

这一时期主要政策目标是提高中职学校在校生人数，提升职业教育质量，建设一批高水平办学的职业高级中学，还要建设一批示范性骨干专业。

3.1997 年至 2001 年

政策文件提倡要在巩固已有基础上，对中职教育要创新人才培养模式，进行多样化探索。

4.2002 年至 2009 年

开始注重农村地区、中西部地区中职教育发展，为中职贫困学生建立了助学金制度，希望促进教育公平。

5.2010 年至今

开始建立现代职业教育体制，构建中等职业教育终身学习，以人才培养为最终目标，鼓励在中职开展现代学徒制等人才培养模式。

2019 年出台的"职教 20 条"给中等职业教育提出了新的要求，为新时期职业教育类型化改革提供了新的政策导向。从改革开放到进入新时期，我国对于职业技术教育，特别是中等职业教育的发展一直保持着高度关注。希望推动职业教育与经济社会发展相适应，使中等职业教育在短期内高质量发展。只有实践才能出真知，政策文本的持续繁荣和理论的进步，并不能代表职业教育一定能取得巨大成就和进步，归根究底还需要我们在对职业教育政策研究基础上进行实践探索。

二、现实意义

中职教育是教育的重要组成，肩负培养大量高素质劳动者和高技能人才的重要使命，是我国经济社会发展的重要基础，被社会赋予了重大责任和时代使命。2019 年政府工作报告重点强调，实施"1+X"证书制度，不断推动现代化职业教育的发展，不仅可以缓解目前我国的就业压力，还是能有效解决高技能人才需求的有效战略。

"1+X"证书制度提出要在学历证书作用发挥的基础上，加强中职学生可持续发展基础与能力，解决目前我国中职毕业生的社会竞争力普遍偏低，社会认可度也不高的主要问题。从学生自身因素考虑就是解决因学生职业能力不足，不能适应所学专业的职业岗位要求的问题。在中职实施"1+X"证书制度的主要目的就是希望大力提升职业院校学生职业能力，职业技能证书的技能要求是根据企业行业用人需求而具体制定的，为的是使学生能够适应社会、产业需求，并能通过职业技能提升来提高薪资待遇。从而使学生专业技能提升以提高学习兴趣、获得职业认同感和提升个人幸福感。

社会发展对高素质技术技能型人才需求日益增加，启动"1+X"证书制度试点改革，开展职业技能等级制度，学生在获得学历证书的同时鼓励中职学校学生取得多类职业技能等级证书，提升其创业就业能力，可有效缓解结构性就业矛盾，提升人才与岗位的对口率，有效推进复合型技术技能人才培养模式改革。同时在校内开展的职业培训除了服务在校生，也可面向社会从业人员等社会人群进行开放，最后取得的证书具有同等效力，持有证书的校内校外人员在就业中享受同等待遇，同时有利于激发校外从业人员及普通大众的学习积极性，有利于我国向全民学习终身学习型社会方向发展，能够使中职学校以良好的形象赢得社会的认可，为我国中等职业教育的深入改革提供持续发展动力。

第二章 中职学校计算机应用专业实行“1+X”证书制度的研究

随着新一代信息技术加速渗透到社会生活和经济的各个方面，计算机应用呈现出网络化、平台化、服务化、融合化、通用化的新趋势。《积极推进“互联网＋”行动的指导意见》《加快推进网络信息技术自主创新》等国家政策的深入推进和落实，对产业变革与计算机应用发展产生了深远影响，国民经济各个领域对通用型、技能型计算机应用人才的需求更加强劲。但笔者通过市场调研，深入企业了解市场人才需求，发现我国对于中等水平的技术性、通用型信息类专业人才缺口巨大，各类职业学校技能人才培养模式有待改进，人才输出质量较低。所以，对于中职学校，只有制定符合现行“1+X”证书制度，满足企业技能需求和社会人才需求的计算机应用专业教学标准，深化人才培养模式改革，才能适应社会对人才培养的需求。

第一节 “1+X”证书制度下中职学校计算机应用专业现状

一、企业对中职 Web 前端开发方向职业岗位需求调查

“1+X”证书制度的开展是为了更好地服务人才培养，中职学校计算机应用专业人才培养应该更加贴近市场要求，满足企业用人需要。由于用人单位对员工有明确的职业分工，所以用人单位对学生的职业能力要求和职业评价更具有准确性和客观性，因此本节内容针对计算机应用专业中职 Web 前端开发类专业学生所需职业能力要求现状，对信息技术企业做出问卷调查。

（一）用人单位对 Web 前端开发方向岗位人员的需求现状

通过回收企业调查问卷，并将从 BOSS 直聘、前程无忧、智联、58 同城等各大招聘

网站上的岗位需求作为补充。根据双方数据对 Web 前端开发方向的岗位人才需求情况进行分析，不管从就业方向还是人才需求数量来说，Web 前端开发方向人才就业岗位都十分广泛，人才需求较为旺盛。

通过调查企业所需 Web 前端岗位情况，分析确定计算机应用专业中职毕业生任职岗位主要有：网络系统的管理、多媒体的综合应用以及手机移动端应用软件的开发等等，具体如图 2–1 所示。从被调查的企业得知，需要 Web 前端开发类专业的企业占 75%，另外还有 12.5% 的企业表示少量需要此类人才（如图 2–2 所示）。

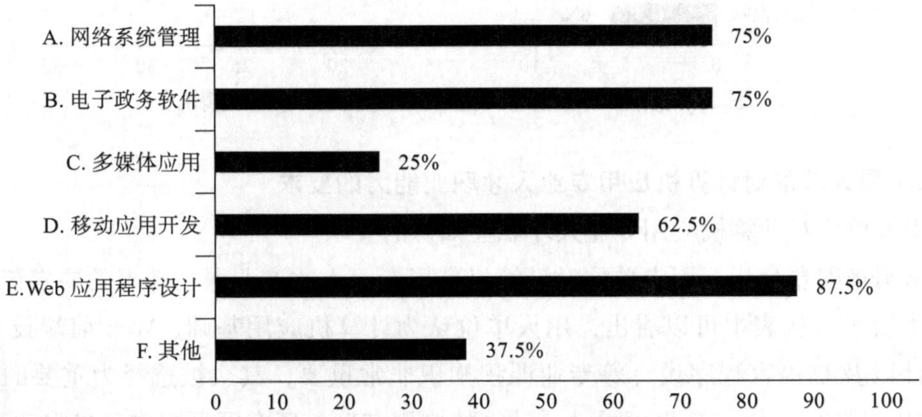

图 2–1　中职毕业生就业的方向

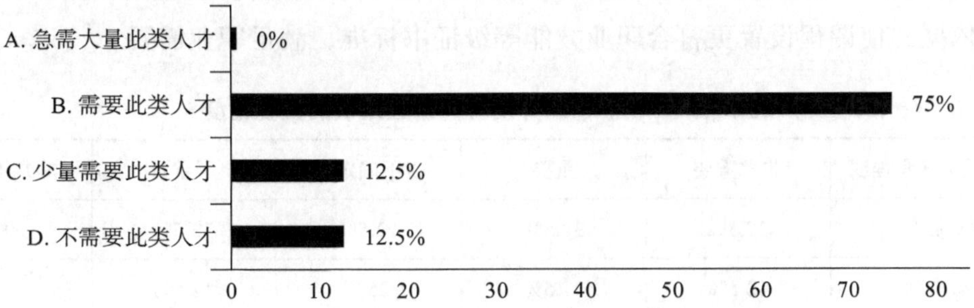

图 2–2　企业对 Web 前端开发专业人才需求情况

本研究收集的网络数据来源丰富，根据对数据整理，主要以分析 BOSS 直聘网为主，对 Web 前端开发方向的岗位人才需求情况进行调查。以新兴技术产业较为发达的珠三角地区为例，截至 2020 年 1 月，如图 2–3 所示的七个岗位总需求人数为 34 517 人，从以下数据分析可知，Web 前端开发相关技术人员在整个就业市场需求旺盛。

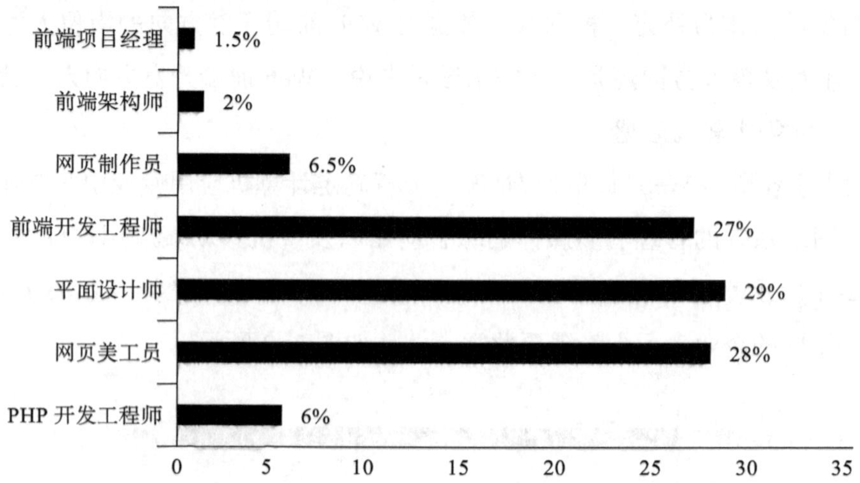

图 2-3　珠三角地区 Web 前端开发方向人才需求情况

（二）用人单位对计算机应用专业人才职业能力的要求

1. 用人单位对计算机应用专业人才职业知识的要求

根据调查问卷分析，用人单位对计算机应用专业人才专业课程知识的要求统计结果如表 2-1 所示。从表中可以看出，用人单位认为计算机应用基础、Web 前端技术和 UI 界面设计以及 C 语言程序设计等专业课程知识非常重要；其次被选择为重要的课程知识也有 Web 前端技术、UI 界面设计、计算机应用基础，还有网页制作和二维动画制作。针对企业给出的计算机应用专业课程知识重要程度可为学校计算机应用相关课程设置提供参考依据，使课程设置更符合职业技能等级证书标准，满足职业需要。

表 2-1　Web 前端开发方向课程知识的重要程度

专业课程 / 重要程度	非常重要	重要	不确定	不重要	非常不重要
网页制作	37.5%	37.5%	12.5%	12.5%	0%
二维动画制作	12.5%	37.5%	25%	12.5%	12.5%
图形图像处理	25%	12.5%	37.5%	25%	0%
多媒体技术应用	25%	25%	50%	0%	0%
计算机应用基础	50%	37.5%	12.5%	0%	0%
计算机录入技术	25%	25%	50%	0%	0%
UI 界面设计	62.5%	37.5%	0%	0%	0%
C 语言程序设计	62.5%	25%	0%	12.5%	0%
Web 前端技术	62.5%	37.5%	0%	0%	0%

2. 用人单位对计算机应用专业人才职业技能的要求

根据调查问卷分析，以计算机应用专业类中职毕业生为前提对信息技术类用人单位提问，会 Web 前端开发与设计、会计算机办公软件应用、会网页制作与设计、会图形图像处理技术和会使用编程语言六项职业技能中，企业需要会 Web 前端开发与设计这一项职业技能占据 87.5%，高于其他五项职业技能要求，具体如图 2-4 所示。

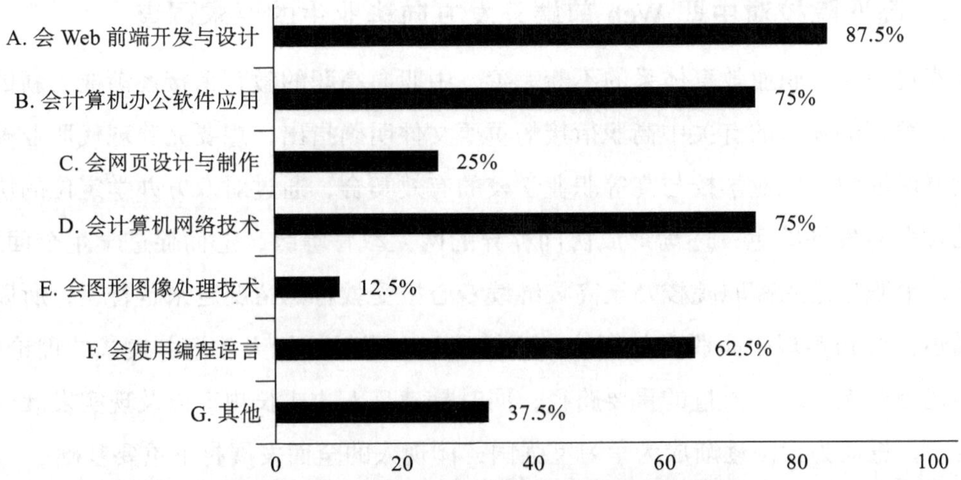

图 2-4　计算机类中职毕业生应该掌握的职业技能

3. 用人单位对 Web 前端开发方向岗位人才职业素养的要求

根据调查问卷分析，用人单位对 Web 前端开发方向人才职业素养的要求分析统计结果如下图 2-5 所示。由图分析可知，说明被调查单位普遍认为协作精神、学习能力、良好的专业技能、有较强的责任意识、具备良好的品格和创意能力等职业素养都对 Web 前端开发从业人员很重要。

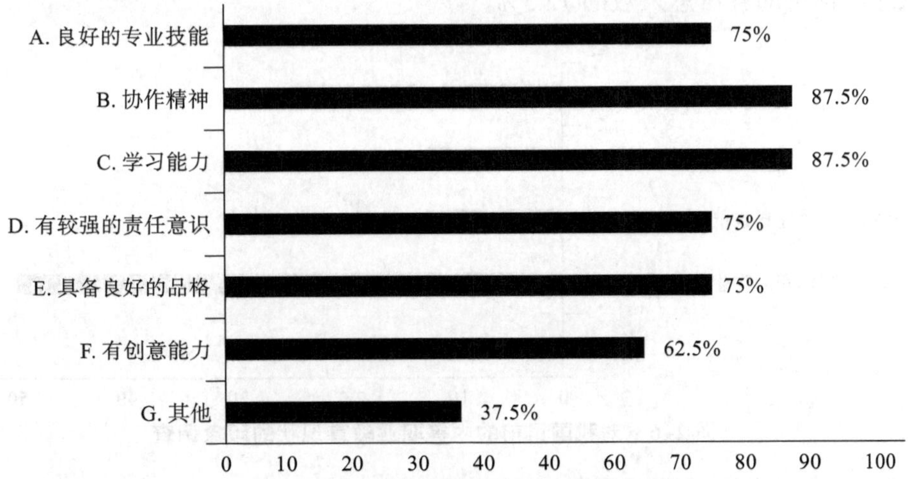

图 2-5　Web 前端开发专业人才职业素养的要求

由于时代的不断进步和社会经济的快速发展，Web 前端开发行业职业知识和职业技能更新速度快，因此 Web 前端开发人员在学好专业技能的基础上，还需具有较高创新水平。基于此学生要保持终身学习理念，才能紧跟社会经济发展的步伐。同时，用人单位更倾向于 Web 前端开发人员拥有较强的责任意识，具备良好的品格，包括能遵守法律法规、诚实守信等，能够与人为善，具有与他人合作的精神。

二、高职院校对中职 Web 前端开发方向毕业生的要求调查

随着我国现代职业教育体系的不断完善，中职向高职的教育衔接逐渐成为新的研究的重点，教育部发布的有关中高职衔接的重要文件明确指出，想要完善现代职业教育体系，就要保证中等职业学校与高等职业学校的有效契合，通过对双方办学定位的协调统一，结合自身发展特色，逐渐形成协同存异的两大教育等级，进而促进学生全面发展。近些年，中职生进入高职院校乃至高校继续专心接受教育的情况越来越普遍，所以根据以上描述，可知实现中高职有效衔接，不仅是创新职教技能人才培养模式的理论要求，也是实现提升人才培养质量的重要路径，同时是满足人才成长规律以及现实发展要求的真实需要，进而为我国逐渐成为学习型强国，体现人的全面发展打下重要基础。

（一）高职院校对中职学校及其学生的态度调查

1. 对目前的中等职业教育现状的印象调查

根据调查问卷分析，高职院校教管人员对我国目前的中等职业教育现状的印象统计结果如图 2-6 所示。有一半的高职院校教管人员认为我国中等职业教育的现状还是属于没有达到普通高中标准的后进生所接受的教育。他们对中职的教育目标理解中，认为是培养专业技术人才的占据总人数的 25%，认为是培养一线生产工人和为高职院校输送技能型人才做预备的各占总人数的 12.5%。

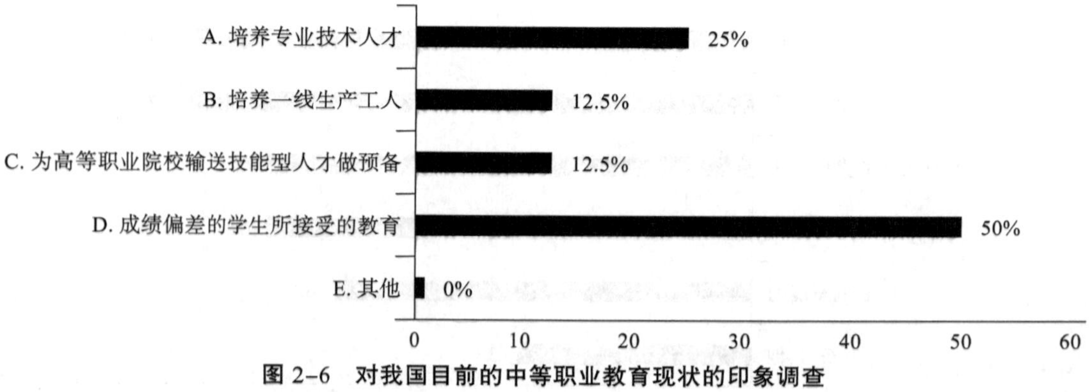

图 2-6　对我国目前的中等职业教育现状的印象调查

同为职业教育领域的高职教育教师与管理者都普遍认为中职教育为成绩偏差的学生所接受的教育，说明如今中职教育认可度低的现象还是普遍存在的。能间接反映的一个现实现象就是：只有读重点中学，考上重点大学找到体面工作才被认为是成功者，没考上重点高中没上大学的就被认为是差生。传统观念与做法让中职教育短时间无法改变人们的固有成见。

2. 对中职学校计算机应用专业的发展方向看法调查

高职院校教管人员对我国目前的中职教育计算机应用专业发展方向的看法较为统一，培养技术型应用人才被认为是中职教育计算机专业人才发展的主要培养方向。计算机专业人才和计算机应用型人才分别占据总人数的 75% 和 25%，说明高职教管人员对中职计算机应用专业的总体发展方向普遍比较明确。

3. 影响中职毕业生就业的因素

根据调查问卷分析，高职院校教管人员对目前影响中职毕业生就业问题看法统计结果如图 2–7 所示。认为中职学校计算机应用专业毕业生个人综合能力是影响就业重要原因的占 50%，另外各有 25% 的高职教师认为学历和专业操作技能是影响计算机专业中职毕业生就业的因素，而技能证书一项无一人选择。

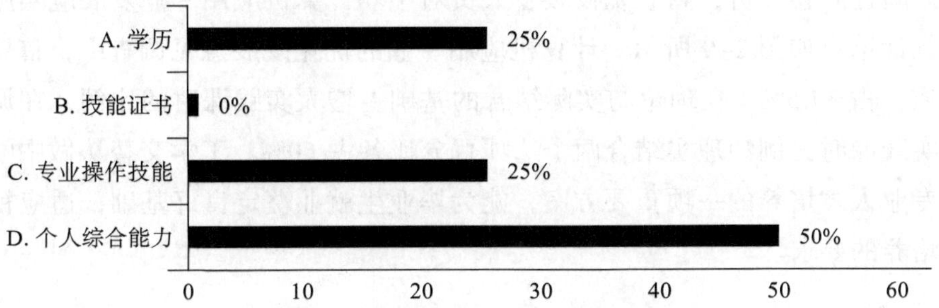

图 2–7　影响中职毕业生就业的因素

究其原因，一方面是中职计算机专业可考的证书太少，另一方面是可考的证书含金量太低不被社会和企业认可等。除了提高中职学生的个人综合能力与专业操作技能，中等职业教育还需要开发一系列合适的技能证书。

4. 中职毕业生进入高职学习可能会遇到的障碍

根据调查问卷分析，高职院校教管人员对影响中职毕业生在高职院校学习的因素看法统计结果如图 2–8 所示。中职计算机专业毕业生在进入高职学习后可能会遇到的困难，在各种可能因素中，每一位高职院校教管人员都认为缺乏自主学习能力及探索精神是中职生进入高职学习困难的主要因素；有 87.5% 的人认为实践技能缺乏创新也是学习困难的因素之一；另各有 37.5% 认为是专业理论知识不够深广和中高职知识断层导致了学习困难。

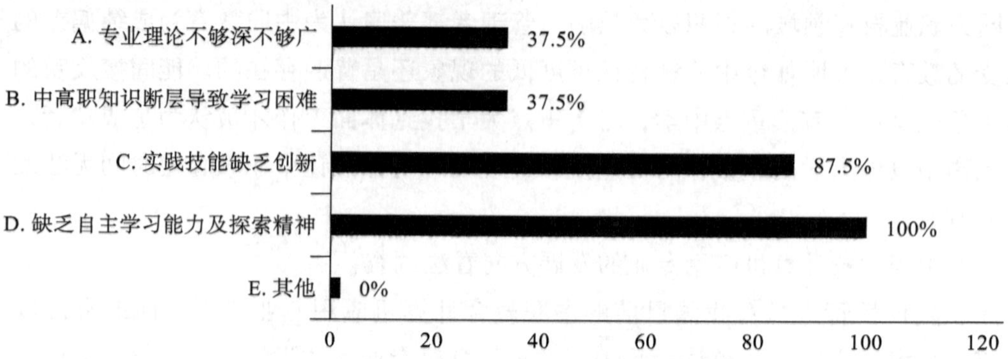

图 2-8　影响中职毕业生在高职学习的因素

所以在中职学校，应该普遍关注中职生的自主学习能力培养，学习好的人不代表他会学习，但会学习的人肯定是学习好的人，拥有良好的学习能力是一项突出的个人优势，不管是在学习中、职场中还是生活中。在进行实践能力培养的同时，更要关注对创新精神与探索精神的培养。授人以鱼不如授人以渔，在专业人才培养中同样如此。

（二）促进中职学校计算机应用专业 Web 前端开发方向教育发展意见调查

1. 计算机应用专业发展优化意见

根据调查问卷分析，高职院校教管人员对中职计算机应用专业发展应实施的优化设置意见统计结果如图 2-9 所示。计算机应用专业的优化发展意见调查中，首要的为提高教师素质，占 87.5%。在理论与实际结合的基础上增大实践课时的比例，在调查中认为要增大实践课时比例和理实结合两个选项百分比各占 50%。工学交替从做中学也是优化计算机专业人才培养的一项重要方案，能为毕业生就业奠定良好基础，适应社会对该专业人才培养的要求。

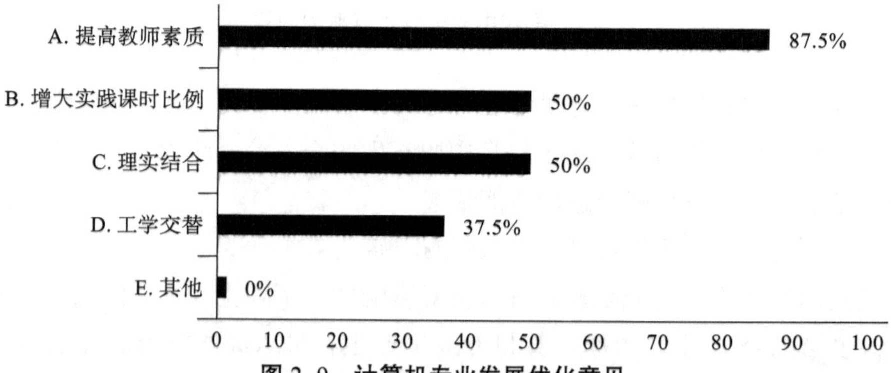

图 2-9　计算机专业发展优化意见

2. 计算机应用专业中高职衔接的课程设置和学生所需能力要求调查

首先几个基本问题的调查分析反映了高职角度对中职的关注和了解还比较欠缺，这也是中高职教育衔接的一大问题。多数高职院校不了解中职计算机专业的课程设置是否能体现时代与行业的实际需求，说明高职院校对中职学校教育关注不足；也不了解中职与高职专业技能课程能否体现由浅入深、层次递进的关系，必然导致中高职知识断层，增加学生学习困难或者重复学习同一知识导致教育资源浪费。中职计算机 Web 前端专业课所学知识和需要掌握的技能，除了要能够与高职教育相衔接，还要达到企业的用人标准要求，符合市场需求，要加强理论知识对应的实践技能训练。

三、Y 职校计算机应用专业“1+X”证书制度的实施情况调查

本节问卷分为两部分，第一部分为南宁市 Y 职校计算机部教管人员问卷，第二部分为南宁市 Y 职校计算机应用专业学生问卷。两份问卷全部采用问卷星平台发放。其中教师卷 10 份，学生问卷 200 份。全部发放回收后统计问卷有效率均为 100%。通过对收回的问卷整理分析，并结合上节内容用人单位对中职计算机专业人才需求的调查分析结果和高职计算机专业对中职学生的要求分析结果，对比分析并总结出 Y 职校计算机应用专业试行“1+X”证书制度存在的问题。

（一）南宁市 Y 职校计算机应用专业教管人员问卷分析

1. 人才培养方案亟待优化

从培养目标、教学计划、教学内容、专业教材四方面出发了解南宁市 Y 职校计算机应用专业目前的人才培养模式与“1+X”证书制度的贴合情况（如表 2–2 所示）。从对 Y 职校教管人员的调查问卷可知，计算机应用专业课程的培养目标在现有的 Web 前端开发职业技能等级证书要求中能否体现这一题中，70% 的教师选择不能体现；本专业的教学计划是否适合“1+X”证书制度要求一题，50% 的教师认为不适合；目前专业课教学内容和 Web 前端开发职业技能等级考试内容是否相配套，60% 的教师选择否；所任教专业教材是否适宜职业技能证书考核，有 40% 的教师选择否。

表 2–2　目前的人才培养方案相关内容是否与“1+X”证书制度相适应

与“1+X”是否相适应	是	否
培养目标	30%	70%
教学计划	50%	50%
教学内容	40%	60%
专业教材	60%	40%

2. 中职学校计算机应用专业缺乏实践指导教师

Y 职校计算机部的 10 名教师中有 9 名教师表示自己为双型教师，但是只有 6 名教师表示自己有在企业任职的经历，还有 4 名教师没有在企业工作的经历，同时在计算机专业教学中的最大困难是什么一题中有 40%（如图 2-10 所示）的教师表示缺少指导老师，导致实践环节难以展开是专业教学开展的一大困难。10 名 Y 职校教师均为本科学历，师资队伍中骨干教师相对缺乏。

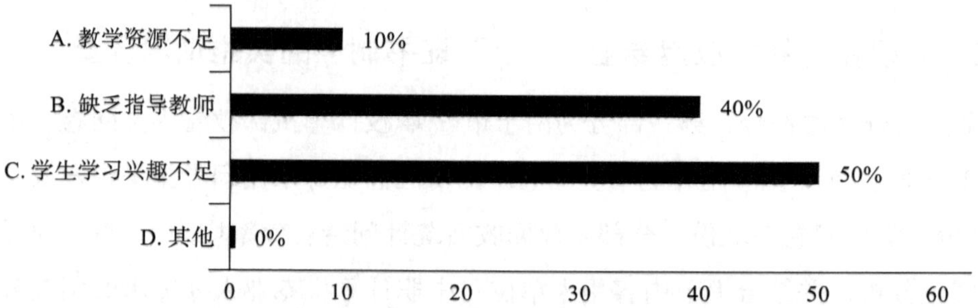

图 2-10　计算机应用专业教学中的最大困难

3. 学生学习兴趣不足影响教学开展

如图 2-10 所示，Y 职校计算机专业教学中的最大困难是什么一题中有 50% 的教师认为是学生学习兴趣不足。对计算机专业学生的学习积极性表现调查中 40% 的教师认为学生积极性一般，60% 的教师表示比较积极（如图 2-11 所示）。

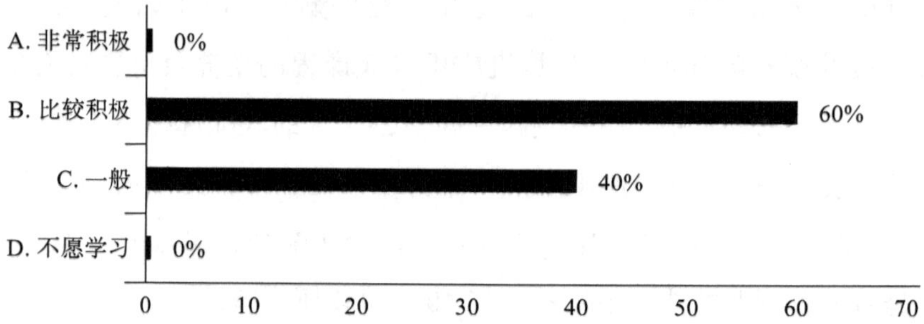

图 2-11　学生学习的积极性表现

4. 学生就业困难，就业前景不理想

根据调查问卷可知，在 Y 职校开办计算机专业并发展的过程中遇到过哪些困难，其中一大重点困难就是"学生就业困难"（如图 2-12 所示）。在关于计算机专业学生的就业前景认识中，Y 职校 60% 的教师认为本校计算机专业就业前景一般，还有 20% 的教师认为自己所教专业就业前景不理想（如图 2-13 所示）。

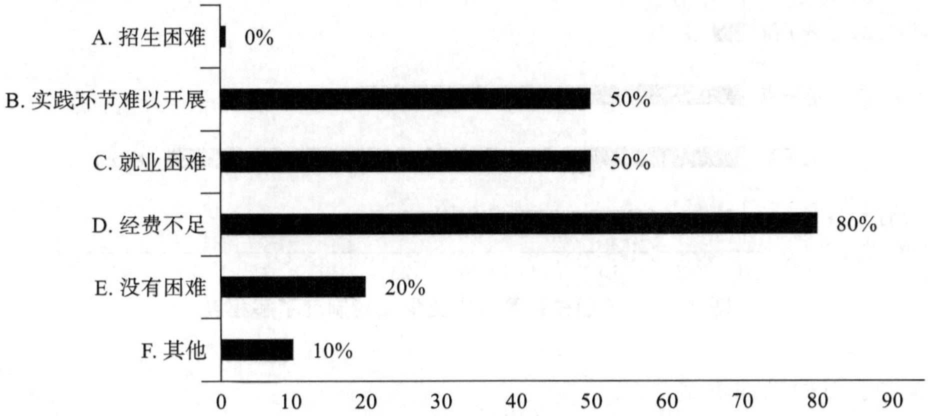

图 2-12　Y 职校在开办计算机专业中遇到的困难

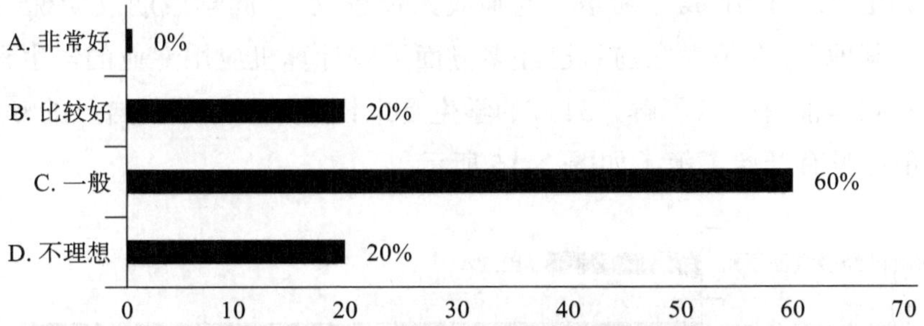

图 2-13　对 Y 职校计算机专业学生就业前景认识

（二）南宁市 Y 职校计算机应用专业学生问卷分析

1.“1+X”证书制度宣传工作比较欠缺

一项政策制度出台，试行之前一定要对其认识清晰、把握精准，才能在实行中思路清晰少走弯路。该职校在进行一项新的人才培养模式，开发一个新的专业之前（Web 前端开发）会进行市场调研，这是值得学习肯定的部分。但是通过对南宁市 Y 职校计算机专业两百名学生的调查问卷发现，该校计算机专业的学生对“1+X”证书制度的理解情况，以及本专业中的职业技能等级证书—— Web 前端开发认识都较为模糊。其中仅个位数（2.5%）的学生表示对 Web 前端开发专业“1+X”证书制度十分了解，28.5% 的学生表示了解一点，而表示不太了解的学生占 43.5%，还有 25.5% 的学生表示完全不了解（如图 2-14 所示）。说明学校对此制度在学生中的宣传还不到位，或者说明学校对教师培训不到位，没有重点强调，导致教师对学生传达有误，学生是参与的主体，对“1+X”证书制度、对 Web 前端开发职业技能等级制度的了解是此项新制度开展的基础，学生的了解有利于更好地推动“1+X”证书制度改革。

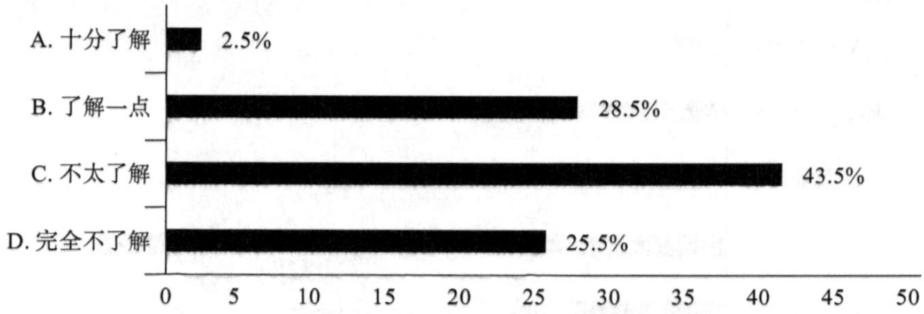

图 2-14　Y 职校计算机专业学生对制度了解程度

2. 学生学习积极性不足

结合学生问卷中计算机应用专业学生对专业的选择情况，71% 的学生表示是自己选择的专业，其他 29% 的组成分别是“老师或家长建议”“同学或朋友劝说”“根据社会需要”以及“其他”。在报考之前就已经多方面了解计算机应用专业的学生只占 12.5%，55% 的学生是报考前有一点了解，31% 的学生是来校后才开始了解自己的专业，甚至极个别同学表示还没有开始了解（如图 2-15 所示）。

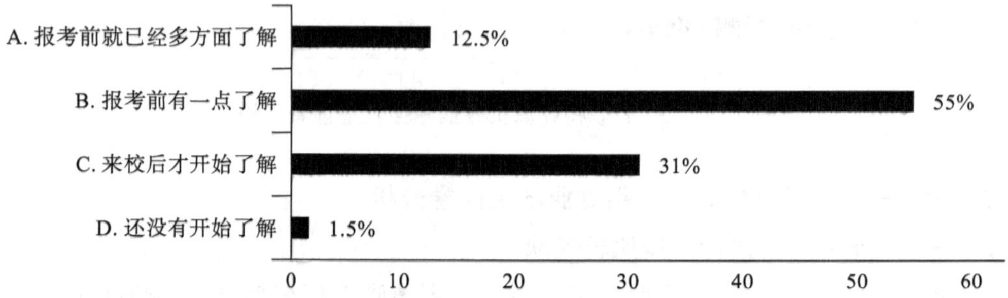

图 2-15　对自己对所报读的计算机专业的了解

学生在入校之前的计算机应用基础如何一题，调查结果显示 13.5% 的学生表示完全没有基础，23% 的学生表示自己基础不太好，仅有 7.5% 的学生认为自己基础很好，认为自己基础一般的占 56%（如图 2-16 所示）。

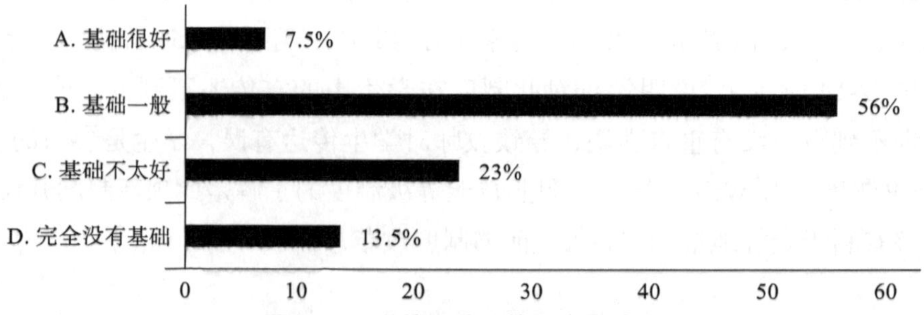

图 2-16　进校之前计算机应用基础

3. 学生就业意向低

学生问卷中，对学生毕业打算调查中，学生计划毕业选择就业的仅占总人数的 7%（如图 2–17 所示）。其中有共计 34.5% 的学生也值得我们的关注，28% 的学生选择走一步看一步，6.5% 的学生表示暂时没有打算。还有 58.5% 的学生明确表示要升学。

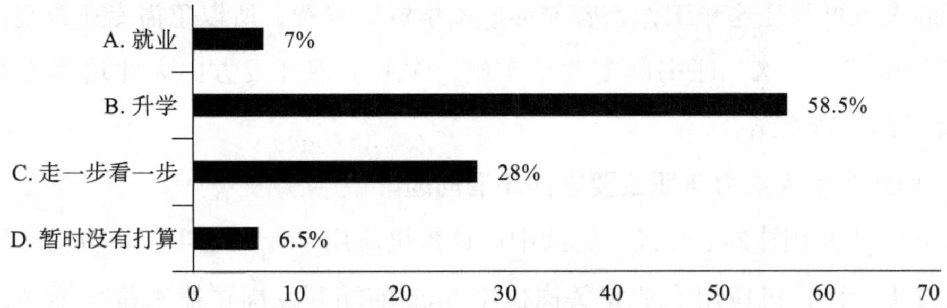

图 2–17　计算机专业学生毕业去向打算

4. 学生对职业要求过高、定位不明确

根据调查分析可知，在对自己将来的职业定位选择时，47% 的学生选择白领，43.5% 的学生选择灰领，而选择蓝领的仅仅只有 6.5%，普通工人更是只有个位数（如图 2–18 所示）。

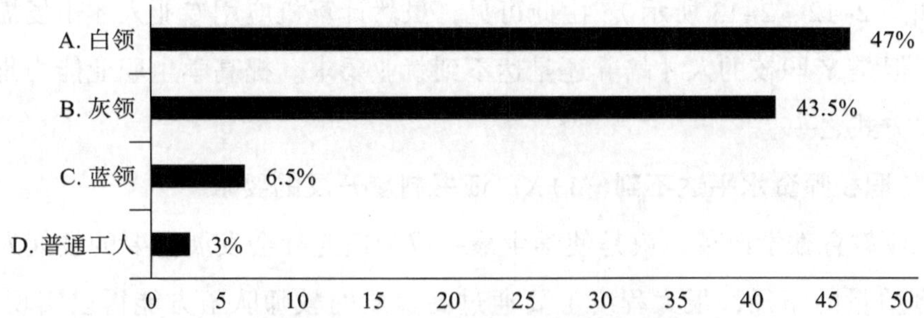

图 2–18　对学生将来的职业定位调查

四、主要问题总结

根据对以上四份问卷的主要问题进行罗列和对得出的数据进行展示，下面对梳理出来的一些主要问题进行总结及分析。

（一）人才培养方案与“1+X”证书制度存在矛盾

Y 职校学校人才培养方案与新的改革制度必然存在一些矛盾，要优化人才培养方案使其与“1+X”证书制度完美结合，才能最大程度发挥二者的功能与作用。从表 2–2 中 Y 职校教管人员的问卷数据可以很明显地看出当前 Y 职校计算机应用专业的课程培养目标、教学计划、课程教学内容、专业教材等都不符合新的“1+X”证书制度的要求，由此可知Y职校计算机应用专业开展“1+X”证书制度，需要促进人才培养制度与“1+X”证书制度的有效融合。本研究中Y职校计算机应用专业Web前端开发方向是由原有的办公应用方向转化而来，办公应用这一方向由于就业门槛较低，很多未经过计算机专业系统教育的人也可胜任这一工作，容易形成教学资源浪费，所以急需专业调整。在此基础上Y职校恰逢“1+X”证书制度改革实施，Web前端开发方向人才培养方案应该与“1+X”证书制度紧密结合。

（二）毕业生个人能力与职业要求的矛盾问题

根据企业问卷中图2-1可以了解到中职计算机应用专业毕业生就业方向广泛，在图2-1所示的几个计算机应用专业相关岗位中Web前端开发岗位需求位列第一，同时在图2-2中单独对Web前端开发人员的需求量提问同样显示Web前端开发人员需求广泛。再结合网络招聘信息显示，在图2-3所示七个Web前端开发方向岗位中，总体需求数量大，其中平面设计师、网络美工员两个较为符合中职毕业生能力要求的岗位，位列总体需求量的第一和第二。然而在对Y职校教管人员的调查中显示，教管人员普遍认为Y职校计算机应用专业就业前景不理想，同时也是其教学部开办计算机应用专业的一大重点困难（如图2-12、2-13所示）。由此可见，虽然计算机应用专业人才市场需求广泛且需求量大，但是Y职校的人才培养还是达不到就业要求。提高学生职业能力是解决就业问题的主要方式之一。

（三）Y职校师资水平达不到“1+X”证书制度开展的要求

实施职业教育教学改革，就是使学生最终成为适应社会发展需要的技能人才。而提高中职教育质量的路径，很大程度上要通过高素质的教师队伍方能得以实现。图2-10显示Y职校很大一部分教管人员认为缺乏实践指导教师是影响专业开展的最重要因素，那么为了促进专业发展，应针对Y职校实际学生数量，计算机应用专业不同方向，怎么合理安排教师数量，实践指导教师占比应该达到多少等都是为了解决这一问题要综合考虑的因素。图2-9表示优化Y职校计算机应用专业发展，首要为提高教师素质，不仅因为教师是促进教育发展的中坚力量，而且教师在教学活动中起主导作用，提高一线教师的教育教学素质水平是重点也是基础。

（四）学生学习积极性影响教学开展

虽然现在的中学生的自主意识比较强，大部分同学表示都是根据自身意愿选择的就读专业，但是在面对专业选择上，难免存在对专业了解不够清晰，冲动报考的情况，这也许是为什么当初选择了计算机专业，然而在学习表现、课堂表现中存在学习积极性不高问题的原因之一（如图 2-15 所示）。学生积极性不高的另一因素可能是学生计算机基础薄弱（如图 2-16 所示），从而在学习过程中丧失学习兴趣。21 世纪是网络化时代，新时代的学生们大多从小接触计算机、电子产品。日常使用计算机与系统学习枯燥、实践操作困难的计算机理论知识等都差别较大，使学生不断面临学习上的困难，进而降低学习积极性。

（五）学生就业意向低，缺乏正确的择业观

为什么会有这么低的就业意向，这不仅是学校需要思考的问题，还有企业、国家教育部门更值得思考。如此巨大的人才需求下，学生就业倾向这么低，一方面是中职学生普遍缺乏自信心，另一方面是中职学生职业能力培养不过关，还有因素是政府缺少针对中职生就业辅助措施等等。这部分学生透露出来的信息有对未来比较迷茫、没有奋斗目标，在这方面学校应增设针对这方面的思想、心理课程安排，帮助学生树立理想，找到方向。这自然是值得肯定的部分，且根据随机抽取的部分问卷分析得出，很大一部分学生在中职一年级就目标明确计划升学。但从侧面分析可知，很大一部分原因可能来源于父母、家人以及社会上一些对于职业教育的刻板印象，或者过分追求高学历。

以上数据在体现学生有较高的职业追求的同时，也存在学生对职业定位不够清晰，一味崇尚高学历、稳定、体面的白领阶层；而普通一线工人岗位与具有生产技能的各种职业却无人问津的问题。

第二节 “1+X”证书制度下 Web 前端专业有效实行的对策

一、“1+X”证书制度下课程体系重建

为了使“1+X”证书制度与 Y 职校计算机应用专业更好地融合，更大程度地发挥“1+X”证书制度改革的功效，对 Y 职校计算机应用专业（Web 前端方向）课程体系的分析，结合市场需求与 Web 前端职业开发职业技能等级证书要求，专门针对 Y 职校计算机应用专业 Web 前端开发方向进行新的专业课程体系构建。

1. 培养目标

本专业旨在培养德智体美劳全面发展，学有专长的 Web 前端开发方向岗位人才，具有良好的人文科学素养和熟练掌握一定的 Web 前端开发和人机交互设计，能够胜任各

类信息技术企业及相关计算机应用领域中从事 Web 前端开发方向的岗位：网页美工员、Web 页面制作员、平面设计师、Web 前端设计、移动设备网站前端开发和 Web 前端开发工程师等方向的岗位。

2. 人才培养模式

本专业针对 Web 前端开发方向岗位特点和用人单位实际需求，以培养全面发展的实用性技术技能人才为目标，结合"1+X"证书制度改革要求，通过市场调研和企业问卷分析，设计符合企业需求的培养模式。结合"X"考证需要，开展项目实训、实践操作为核心的课程体系。通过中职师资和企业师资共同培训，在知识技能学习的同时一并考取专业相关的技能证书，结合企业真实案例教学，使在校学习与就业实现无缝衔接。

3. 人才培养规格

重视 Web 前端开发方向学生理论基础和专业技术基础知识的学习，强化 Web 前端开发学生的实践能力和团队协作意识的锻炼以及职业素养的培养。对人才培养规格定位在毕业生初始就业岗位和发展岗位两个维度，初始岗位有：网页美工员、Web 页面制作员、平面设计师等相对基础的岗位，要求其具备扎实的计算机、互联网、多媒体等专业基础知识；具备计算机美术、互联网与移动互联网美工设计的能力；具备响应式网站、微网站前端架构与设计能力。发展岗位有：移动网站前端开发、Web 前端开发工程师、前端项目经理等发展岗位，在初始岗位的基础上还需要具有扎实计算机应用专业基础、较强项目实现能力、较高开发技能且具有项目管理思想及能力和团队沟通协作能力等。

4. 专业课程体系设计

Web 前端开发课程分为公共基础课程、职业素养课程、专业基础课、专业核心课和项目实训课程五大模块。本研究主要设计的为专业核心课、专业基础课和实训课程三部分。表 2–3 为原有的专业课程体系，表 2–4 为在原有基础上在"1+X"证书制度下的 Web 前端开发课程体系设计，针对当前现状对课程做出了相应的删改与课时调整及对实训课程进行了删改和比例调整。以期新的课程体系更符合 Web 前端方向的人才培养目标，更好地结合新的改革制度。

课程对应的课时为每周的课时数。其中新的课程体系中把专业核心课程网页设计与制作课时数增多了，作为 Web 前端开发的基础，在实训课中增多了两个课时。在原课程中删除了与 Web 前端开发方向没有太大关系的课程"办公自动化设备使用与维护""多媒体技术应用（PPT+ 会声会影）""CorelDRAW 应用"，还删除了"计算机网络技术"；新的课程体系中增加了"C 语言程序设计"作为专业基础课程，增加了"HTML5Web 应用""UI 界面设计"和"Web 前端开发（初级）"作为专业核心课程，另外在实训课程部分除了增多了课时，还增加了专门的考证课程，针对当前的 Web 前端开发职业技能等级证书，或者以后另外增设的相关职业技能证书。

表 2–3　原课程体系

		课程名称	课时 / 周	实训项目	课时 / 周
原课程体系	专业基础课	计算机应用基础	2	二维动画制作	4
		计算机网络技术	2		
		办公自动化设备使用与维护	2	图形图像处理	4
		多媒体技术应用（PPT+ 会声会影）	4		
	专业核心课	Coreldraw 应用	8	网页设计	2
		二维动画制作	4		
		图形图像处理	4	毕业设计（网页设计）	4
		网页设计与制作	4		

表 2–4　“1+X”证书制度下课程体系

		课程名称	课时 / 周	实训项目	课时 / 周
“1+X”证书制度下课程体系	专业基础课	计算机应用基础	2	二维动画制作	4
		二维动画制作	4	图形图像处理	4
		C 语言程序设计	4	网页设计	4
		图形图像处理	4		
	专业核心课	网页设计与制作	4	考证课（Web 前端开发职业技能等级证书）	6
		UI 界面设计	4		
		HTML5Web 应用	4	毕业设计（网页设计与制作）	4
		Web 前端开发（初级）	6		

二、“1+X”证书制度下专业核心课程知识点重建

本节针对毕业生个人能力与职业要求的矛盾问题，从企业用人需求的分析出发，根据前文中“1+X”证书制度下制定的新的课程体系，以专业核心课程中的“Web 前端开发（初级）”这一课程为例，对课程目标和内容进行分析（见表 2–5），其主要专业能力与企业职业能力要求较为适应，符合 Web 前端开发方向的职业能力发展要求。在对专业课程进行选择时，都应按照此类方式进行分析。

表 2-5　专业核心课程和主要内容

课程名称：Web 前端开发（初级）	学时：192	开设学期：2
课程目标	本课程重点学习目前在 Web 前端开发中应用的主要技术，主要有 Web 页面制作基础、JavaScirpt 程序设计、HTML5 和 CSS3 开发基础与应用、轻量级框架应用等内容，该课程的前导课程是《网页设计与制作》。通过本课程的教学除了使学生掌握课程内容，同时还为考证课程提供辅助作用，为证书取得打下坚实基础。 1. 专业能力 （1）Web 的历史由来； （2）掌握使用 HTML 标签构建静态页面； （3）掌握 CSS 基本样式修饰、框模型、网页布局，了解如何引入公共 CSS； （4）掌握 JavaScirpt 的语法基础、函数、DOM、BOM、事件等常用技术； （5）能掌握 HTML5/CSS3 技术的及时更新； （6）能掌握熟练运用 jQuery 框架的选择器，表单提交以及 AJAX 请求等等一系列框架封装好的方法。 2. 方法能力 （1）具备自我学习能力，能制定切合自身的学习目标和计划，实施学习计划，评估学习效果； （2）具备一定的获取信息、整理信息、传递信息的能力； （3）能借助工具书阅读专业相关的外文（如英语）资料； （4）能将所学的专业技能运用到实际工作中。 3. 社会能力 （1）能做到遵守法律法规、社会公德、职业道德； （2）能与用户、项目经理、开发组成员等进行有效的沟通与协作； （3）能用准确的语言和文字表达设计方案等相关业务； （4）能对相关业务进行分析，并解决问题； （5）具有良好的团队合作精神、职业涵养和抗挫折能力。	
课程主要内容	主要内容有： 1.Web 页面制作基础； 2.JavaScirpt 程序设计； 3.HTML5 和 CSS3 开发基础与应用； 4.jQuery 的使用。	
主要实训项目	1. 网页设计实训； 2. 静态页面设计实训； 3. 动态页面设计实训； 4. 设计与制作一个响应式 Web 网站。	

三、主动培训，提升学校师资水平建设

根据人力资本理论概念，对提升个体素质所进行的这种职业教育、培训，是长远的资本投资。职业教育制度改革的发展与推进工作中，中职学校、学生、教师三者是关键因素，分别是X证书的实施主体、对象和主力，三者缺一不可。而就现阶段我国职业院校的师资队伍建设情况，“双师型”教师队伍的建设仍需加紧。中职学校中的“双师型”教师数量与比例仍然与《深化新时代职业教育“双师型”教师队伍建设改革实施方案》所提出的到2022年在数量上超过一半的目标存在差距。据调查，Y职校信息部的10名教师中，有9名教师表示自己为双师型教师，然而在专业办学困难中大部分教师仍认为缺乏实践指导教师，说明Y职校目前的师资水平普遍偏低，双师型教师可能仅达到了满足办学开展的要求，虽然有部分双师型教师表示有企业任职经历，但是个人能力仍达不到指导实践教学的水平。

Y职校要有效解决教师教学技能尤其是实践教学技能不足等问题，首先学校应该要始终坚持加强“双师型”教师队伍建设不动摇，校内积极宣传鼓励教师参加培训班、进行学历深造，学校应组织科研活动；其次Y职校要在现有基础上积极引入更多产业、行业专家入校指导职业专业教师实践能力，增加专家培训提升专业建设，优化专业教师在职培训体系；再次职业院校要坚持强化校企合作，主动拓展校企合作范围和规模，除了为学生提供实习实训环境也为院校专业教师进入企业学习提升创造机会和条件；最后Y职校可以促进教师进行校际交流访问，邀请高校教师对Y职校本校教师进行培训指导。总体提升本校教师能力水平，更好地提升应对职业技能等级证书的能力，增强专业办学水平。

四、采用多种教学方法结合调动学生积极性

教师的教与学生的学和谐统一是为教学，双方合作共同投入才能保证教学活动的有效性。如若学生学习兴趣不足缺乏学习动机，那么计算机专业教育必然受阻。从教学层面分析，Y职校教师应该在课堂上花费更多的心思，积极开展教学改革，在使用多种教学法结合的基础上，通过分析教材中重点突出的教学目标和任务，采用合适的教学法，培养学生对应的专业能力。

专业理论基础知识的学习是整个专业的基础部分，能为后续专业核心课程及实践课程打下坚实的基础，但是学生在学习时难免感到枯燥乏味，极易丧失学习兴趣。在此教师应当灵活运用教材及教学方法，可适当偏离教材，使枯燥理论的讲授与生活故事、科学趣闻之间结合，灵活使用讲授法吸引学生课堂注意力，调动学生学习积极性。对于枯燥理论还可以采用启发式和研讨式教学法，自主探究式教学法相结合的形式，让学生采取分小组形式共同学习讨论，在调动学生积极性的同时，能够培养学生独立学习和自主

学习能力，教方法比教知识更为重要，在学生讨论结束时，教师可用谈论法检验学生自学成果，不仅可以锻炼学生的语言表达，也可以提升学生勇于展示自己的自信心，最后教师采用讲授法的形式对学生的自学成果进行总结和补充。

对于专业核心课程以及一些实践操作性的课程，其主要是培养学生职业能力中的专业技能，以"Web 前端开发"课程为例，教师可主要采用项目式教学法、角色扮演法。教师扮演客户，学生扮演员工，教师向学生提出需求，小组成员进行分工，首先一起对客户（教师）提出的业务项目需求进行分析，然后网页美工员进行美工图制作部分，页面制作员进行 HTML5 静态页面制作，另一位网页制作员负责 CSS，最后负责 JavaScirpt 岗位的前端工程师实现动态页面。从整个项目式教学法的完成，可以让学生明确企业工作流程，了解自身在承担岗位职责时还存在哪些不足之处，今后学习应该在哪些方面进行加强训练。

五、以人为本，关注学生心理，树立正确的职业方向

多元智能理论提出，应帮助学生发现并开发适合学生智能特点、符合学生业余爱好的多种智能，引导学生发现自身长处和价值。中职学生的素质影响着我国先进生产力的水平，中等职业学校德育要坚持以人为本的原则，将实践技能的训练作为基础。以学生的职业能力水平作为重点目标，培养学生可持续发展能力，使其逐渐成为全面发展符合社会主义要求的社会好青年。而这一过程需要坚持职业教育的核心理念，即将以人为本放在首要地位。在实际工作中要践行学生是一切工作的重心与中心的教育观。中职学生是一群属于青春期的青少年群体，具有青春期学生普遍的特征，是性格定型、树立理想的人生关键期。

作为教育者应该帮助中职学生树立正确三观。加强对青春期学生各方面的关注，尤其是心理方面，开设有针对性的心理辅导课程，往正确的方向引导，帮助中职学生树立自信，以自身改变带动社会对中职学校、中职学生印象走向积极。调动学生的学习积极性，改变自由散漫的学风，增强其社会责任感。学校可以有针对性地增加中职生的就业辅导课程以及职业生涯规划课，帮助其找准自己的职业定位，不盲目、盲从地一味追求高学历的白领阶层。在此基础上明确职业方向，树立远大职业理想。

第三节 开展"1+X"证书制度的策略建议

一、学校开展"1+X"证书制度的策略建议

（一）统一认识，强化学校管理者、教师、学生对"1+X"制度的理解

首先，学校要以国家职业标准为准则，在制度的初期阶段，中职学校相关领导、教

师需要大量地摸索与探讨。在学校内部要积极组织相关的培训和研讨，有利于深入贯彻落实制度；在外要积极和参与“X”证书及标准制定的其他职业院校进行交流学习，从不同角度、不同层面、全方位深刻理解“职教20条”及其在“X”证书制度中的体现、内涵，以及实施的具体方法、措施等。

其次，组织师生学习并深刻理解“职教20条”和“X”证书标准等文件的内涵要求。整理清楚各种相关文件中的概念、逻辑、理念、内涵，只有明白了政策方针，实践落实才不会摸不清方向，实践起来才会有迹可循。例如，信息技术领域Web前端开发职业技能等级标准内容要求和内涵，需要通过系统培训使职校计算机专业相关师生理解，其中内容不仅详细且微观，学生自己可能不太容易理解，同时这样也是为了防止教师理解出现偏差。

最后，中职学校应积极主动开展相关宣传工作，以提高学生的认识和学习积极性。此外还要在校外，面对社会展开广泛宣传，对校外学生（即社会从业人员等社会潜在学习者）进行理论宣讲，转变其思想意识，激发他们的求知欲望，提高其参加“X”证书学习、培训的积极性；另一方面要针对企业进行宣传，促进社会企业对职业教育、职业教育政策制度等更深刻的了解，改善社会对中等职业教育的固有成见，提高校企合作的紧密度，让企业主导进来。作为职业教育的重要一环，中职学校应秉承培养更多高素质和复合型技术技能人才的目标，做出中职学校应有的力所能及的贡献。

（二）前期调研，进行专业调研和开展企业职业岗位用人需求分析

中职学校在开展计算机专业“1+X”证书制度前，一定要做好本专业的人才培养方案调查研究和对应用人单位的用人需求调查分析，只有做好这些基础工作，“1+X”证书制度才能正确开展。在调研的基础上首先做好Web前端开发岗位的能力要求和中职培养目标结合；其次清晰课程标准与前端岗位技能标准的融合思路；再次明确专业课程定位、专业技能目标与Web前端技能标准体系框架；最后要加强中高职Web前端专业之间的交流，促进中高职Web前端专业课程衔接。例如：分析中职Web前端专业课程定位，将“Web前端开发”的培养定位瞄准职业技能等级中的最初级。同时考虑到中后期的涵盖内容，为学生未来上升为中级和高级做准备，尽力减少知识技能学习的重叠。与Web前端开发职业技能相配套的“Web前端开发”课程必须要有合理恰当的定位和完整合适的内容体系。学生在“Web前端开发”课程的学习中，通过对企业Web前端开发岗位的职责、内容等的了解，不断深入理解专业，具备Web职业专业技能，最终提升职业素养。

（三）优化设计，融合专业（群）人才培养方案和“1+X”制度

前期准备工作完成后，职业技能等级证书试点工作开展前，在明确“X”证书所对应的行业企业的职业岗位需求并融合好与职业需求与专业教学标准对应的基础上，要满

足中职学校同一专业不同方向学生具备学习“X”证书理论和实践的基础。以中职计算机专业为例：Web 前端开发能够衔接的中职课程内容，包括通信技术、电子与信息技术、计算机应用等专业。所以中职学校应该考虑各方面因素，比如说现有专业的课程体系、就业需求、升学需求、就业意向等因素，从而确定在哪一个或哪几个专业中试点实行 Web 前端开发职业技能等级证书。要根据职业技能等级标准和教育部专业教学标准要求，结合区域内行业企业的实际需求，将职业技能等级证书所要考核的内容适度融入专业人才培养方案和课程体系中、纳入日常教学系统中，从职业岗位层面完善教育的科学性与系统性，深化教学改革的手段与方法。

（四）强化管理，推进学校各项建设工作服务“1+X”制度的落实

夯实学校在专业、课程、师资队伍、教学环境文化等方面的建设内容，职业院校要使自身的建设与“1+X”证书制度工作保持一致。只有把自身的软硬件水平都提高了，才能够不遗余力地投入到“1+X”证书制度改革的工作当中去。《国家职业教育改革实施方案》明确指出此制度实施主体为职业院校。作为践行制度的院校，可以通过完善培训流程与评价，使学生获得职业技能等级证书，所以职业院校要通过完善自身的各项建设，争取发展为职业技能培训的重要主体。中职学校要加强校内外实习实训基地的建设，实习实训基地是职业院校开展实践教学的主要场所，也是进行职业技能培训的重要载体。职业院校要与合作企业强化沟通与交流，真正达到共同育人的目的；优化资金和资源利用，联合企业或第三方培训基地，共同打造实训基地，实现资源的共建共享；引入多方参与，拓宽基地建设的资金渠道，进而提高基地建设的效能和利用率。学校还要建立模拟考核平台，发布考核方案，为其他院校学生及其他校外人员参与考核提供支撑服务，为学生就近参加考核提供便利。以上内容的实现离不开学校强而有力的管理和建设工作的积极展开。

二、联合各方力量办好中职教育改革

在“1+X”证书制度改革进程中，政府要落实职业教育的简政放权，优化服务质量。做到政府与市场主体间分工明确、各尽其责而又相辅相成，以市场机制为主体进行资源配置，政府在监督管理上也尽量使用市场手段，以服务为主，减少直接的行政干预。

目前我国职业教育领域，校企合作程度不深。而调动行业企业积极参与到教育领域中来，对真正发挥合作效果具有重要意义。职业教育办学主体要有所丰富，向社会多方合作办学转变，而政府的主导作用变为统筹管理。根据“1+X”证书制度在设计上的要求，要在行业企业中遴选社会评价组织，充分发挥市场作用。职业教育是直接服务于社会，服务于用人单位的，社会和用人单位是直接受益者。同时企业也是对自身人才需求最为了解的，行业企业直接制定自身领域的技能证书等级标准、认定，能够提高证书质量。另一方面，企业是以营利为目的的，学校是公益性组织。政府要在中间制定标准，处理好两者的关系，协助校企沟通，调动企业积极性，满足两大主体的诉求和利益的实现。

推进资历框架建设，实现“1”与“X”互通衔接和两者学习成果之间相互认可与转换，为终身学习创造条件和机制，是建构国家资历框架制度的重要基础和前提条件。能够一定程度拓展职业院校尤其是中职学校学生求职就业机会。资历框架建设是信息化社会时代背景下，推动我国建设数字化、个性化的学习型社会和终身教育体系的重要方略，是有效沟通教育系统和劳动力市场的重要举措，对培养大批与经济社会发展要求相适应的复合型技能技术与创新人才以及实现伟大中国梦和建设教育强国具有重要意义。所以政府教育部门要发挥主导作用，联合各不同利益群体，统筹规划，加快推动我国资历框架建设，更好地服务职业教育证书制度改革。“学分银行”是实施资历框架的管理制度，能够确保每个社会个体成员都可以随时随地学习，搭建终身学习的有效桥梁。在职业教育中，通过建立个人学习账号，实现学习成果的认证与核算，非常适用于职业教育领域工学交替等模式。反映行业需求与教育层次的对接，是专业领域的能力标准。

第四节 关于“1+X”证书制度的总结与展望

一、关于“1+X”证书制度的研究总结

本书以“1+X”证书制度这一职业教育创新性改革为研究起点，对中职学校 Web 前端开发专业实施“1+X”证书制度进行研究，以南宁市 Y 职校为例。首先通过文献研究法厘清概念，再通过问卷调查发现问题，最后有针对性地提出对策，分析如何更好地开展“1+X”证书制度。通过对企业发放问卷和网上调查进行市场调研，了解 Web 前端专业的基本情况、人才市场需求量和此专业需要掌握的职业能力要求等等；通过对高职教管人员发放问卷，了解在高职院校 Web 前端专业发展要求以及促进中职计算机专业 Web 前端开发专业教育发展意见调查；再通过对 Y 职校教管人员和计算机专业学生的问卷调查分析，发现了一些在“1+X”证书制度实施过程出现的问题，以及应该注意的问题。如：人才培养方案亟待优化；中职计算机专业缺乏实践指导教师；学生学习兴趣不足影响教学开展；学生就业困难，就业前景不理想；“1+X”证书制度宣传工作比较欠缺等。

最后根据问题提出了一系列对策措施与建议。如：针对人才培养方案与“1+X”证书制度存在的矛盾，对 Y 职校计算机应用专业 Web 前端开发方向制定新的课程体系；面对毕业生个人能力与职业需求的矛盾问题，对 Y 职校 Web 前端方向专业进行核心课

程知识点重建等几个具体对策措施。同时也对学校层面更好地开展"1+X"证书制度提出了一些对策建议，如：要强化中职学校管理人员、教师、学生对"1+X"制度的理解；进行专业调研，开展企业职业岗位用人需求分析；融合专业（群）人才培养方案和"1+X"制度；学校要推进各项建设工作服务"1+X"制度的落实。在国家社会层面，政府各部门要统筹规划，做好顶层设计和基础设施建设。要发挥社会企业对学校实施"1+X"制度的积极作用。

二、关于"1+X"证书制度的研究展望

"1+X"证书制度作为最新一轮的职业教育改革给职业教育很多方面带来了重大革新，是新时期职业教育改革的重要制度创新与设计。必然会使职业教育发展巨大，然而本研究在短期内无法看到改革成果，对于对策的具体实行还有很多路要走。无法直接见证实行效果，实属遗憾。最后笔者学识有限，对于理论的梳理略有不足，可能导致本研究对问题的解读较浅显。希望未来能够投身职业教育行业，亲身力行地为职业教育发展贡献一份微薄的力量。

第三章 “1+X”证书制度下的计算机应用专业人才培养体系建设

“1+X”证书制度在中职学校计算机应用专业中的融合应用，是国家对职业教育的改革和创新。随着网络信息技术的逐步发展，互联网给社会各行各业的生产发展带来了极大的影响，社会企业对网络人才的需求量逐渐增多，而且对高技能复合型人才的需求日渐凸显。针对这种情况，中职学校要结合“1+X”证书制度的实施原则，并对市场人才需求进行探究，以便开展更加全面合理的计算机应用专业人才培养模式改革，实现职业技能等级证书教育和学历教育的全面融合，实现中职教育与社会人才需求的精准对应，构建更加完善的中职教育体系，促进中职人才培育质量，为社会发展输送更多高素质的技能型计算机应用人才。

第一节 “1+X”证书制度下计算机应用专业人才培养体系建设概述

一、“1+X”证书制度下计算机应用专业人才培养体系建设的含义

“1+X”证书制度下，计算机应用专业人才培养体系建设旨在通过结合学历教育（1个证书）与多种职业技能证书（X个证书），全面提升学生的综合素质和职业能力。该体系注重理论与实践相结合，培养学生在计算机应用领域的创新能力、实践技能和职业素养，从而满足现代社会对高素质、复合型计算机人才的需求。

二、“1+X”证书制度下计算机应用专业人才培养体系建设的原则

（一）需求导向原则

以市场需求为导向，密切关注行业发展趋势，培养适应岗位要求的计算机应用专业人才，确保学生具备市场所需的技能和能力。需求导向原则的核心在于时刻把握市场的动态变化，根据行业的发展趋势来调整和优化人才培养体系。这意味着教育机构需要与企业保持紧密的联系，通过定期的行业调研和市场分析，了解企业对计算机应用专业人

才的具体要求，从而及时调整教学内容和培养目标。在需求导向原则的指导下，课程设置必须灵活且具有前瞻性，涵盖当前和未来市场所需的知识和技能。学校应与企业合作，共同制定课程标准和教学计划，确保学生在校期间能够学到最新的技术和应用。比如，随着大数据、人工智能和物联网技术的发展，计算机应用专业的课程内容也应及时更新，增加相关领域的课程，使学生能够掌握这些新兴技术。

需求导向原则还要求教育机构不断完善实训环节，加强实践教学。通过实训基地、校企合作项目和实习机会，学生可以在实际工作环境中应用所学知识，积累实践经验。这不仅有助于提高学生的动手能力和解决问题的能力，也使他们能够更好地理解行业需求，增强就业竞争力。企业在这个过程中也起到了重要作用，通过提供实训平台和项目指导，企业可以帮助学生更好地适应未来的工作岗位。需求导向原则强调学生的综合素质培养。除了专业知识和技能，企业对员工的沟通能力、团队合作精神、创新思维和职业道德也有着较高的要求。因此，学校在教学过程中也应注重这些方面的培养。通过组织各种课外活动、团队项目和职业素养课程，帮助学生全面发展，提高综合素质，以更好地满足企业的需求。

教师的专业水平和教学能力是实现需求导向原则的重要保障。教育机构应加强教师的培训和继续教育，鼓励教师参加行业研讨会和技术培训，不断更新知识，掌握行业前沿动态。同时，可以邀请企业专家和行业精英到校讲学，开设专题讲座或短期课程，使教学内容更加贴近实际需求。通过这种方式，教师不仅能够提高自身的专业水平，也能将最新的行业动态和技术发展及时传授给学生。学校应定期进行教学效果评估，收集学生和企业的反馈意见，分析教学质量和培养效果。通过反馈机制，学校可以发现教学中的问题和不足，并及时进行调整和改进。例如，可以通过毕业生跟踪调查了解学生的就业情况和岗位适应性，根据反馈结果调整课程内容和教学方法，确保人才培养始终符合市场需求。

随着科技的发展和市场需求的变化，新的职业和岗位不断涌现。学校应主动探索新的教育模式和培养路径，如在线教育、跨学科合作和创新创业教育等，为学生提供更多元化的学习机会和发展空间。通过这种创新性和前瞻性的教育实践，学生不仅能够满足当前的市场需求，还能具备应对未来挑战的能力。在全球化的背景下，需求导向原则也要求教育机构加强国际交流与合作。通过与国际知名院校和企业的合作，学校可以引进先进的教育理念和培养模式，拓宽学生的国际视野。例如，可以组织学生参加国际学术交流、跨国企业实习和国际认证考试等活动，使他们在全球范围内具有更强的竞争力。

（二）理论与实践相结合原则

在课程设置上，强调理论知识与实践技能的结合，通过实训、项目实践和校企合作等方式，增强学生的实际操作能力和解决问题的能力。理论与实践相结合原则的核心在于将抽象的理论知识与具体的实践应用有机融合，培养学生的综合素质和职业能力。现代教育特别是职业教育，必须注重实践，不能仅停留在理论的传授上，从而培养学生解决实际问题的能力。扎实的理论知识能够帮助学生形成系统的认知框架，理解技术原理和方法论。但是，单纯的理论学习往往显得抽象和枯燥，学生难以将所学知识应用到实际问题中。因此，课程设置必须在教授理论知识的同时，安排丰富的实践环节，使学生能够通过动手操作，加深对理论知识的理解。

通过实训，学生可以在模拟或真实的工作环境中，进行具体操作，练习所学技能。实训不仅有助于学生掌握基本操作技能，还能提高他们的动手能力和解决问题的能力。例如，在计算机应用专业中，学生可以通过编程实训、网络搭建和维护实训等，熟练掌握计算机软硬件操作技能，增强对实际工作的适应能力。通过项目实践，学生可以参与到实际项目中，从需求分析、方案设计到实施、测试和维护，全面体验项目的整个生命周期。项目实践不仅锻炼了学生的技术能力，还培养了他们的团队合作精神和项目管理能力。例如，学生可以参与企业的实际开发项目，或在校内开展创新创业项目，通过解决具体问题，提高自己的综合素质和职业能力。

通过校企合作，学校可以引入企业的资源和实际项目，企业可以提供实习岗位和项目指导，使学生能够在真实的工作环境中学习和成长。校企合作不仅为学生提供了宝贵的实践机会，还使学校的教学内容更加贴近市场需求，提高了人才培养的针对性和实效性。例如，学校可以与企业合作建立实训基地，开展订单式培养和定向培训，为企业培养符合其需求的高素质人才。理论与实践相结合还需要灵活安排理论课和实践课的比例。过多的理论课会使学生感到枯燥，而过多的实践课又可能使学生缺乏系统的理论知识。因此，学校需要根据专业特点和市场需求，科学合理地设置课程比例，使学生既能掌握扎实的理论知识，又能具备较强的实践能力。例如，可以采用理论课与实践课交替进行的方式，每学期安排一定比例的实践课程，使学生能够在学习理论知识的同时，及时进行实践操作。

（三）多元评价体系原则

采用多元化的评价方式，不仅关注学术成绩，还注重职业技能的考核，通过获得多种职业资格证书，全面评价学生的综合素质和职业能力。多元评价体系原则的核心在于打破单一评价标准，通过多维度、多层次的评价方法，全面了解和衡量学生的能力和素质。这种评价方式不仅能够激发学生的学习积极性，还能更好地满足社会和企业对高素质人才的需求。传统的教育评价体系主要以学术成绩为主，忽视了学生在职业技能方面的表现。而在现代社会，职业技能的重要性日益凸显。通过引入职业技能考核，学校可以更全面地评价学生的实际操作能力和职业素养。例如，计算机应用专业的学生可以通过参加编程比赛、完成实训项目和获取行业认证，展示他们在实际工作中的能力和水平。这不仅有助于提高学生的就业竞争力，还能增强他们在职业生涯中的发展潜力。

除了学术知识和职业技能，现代社会对人才的要求更加多样化，包括团队合作能力、沟通能力、创新能力和职业道德等。因此，评价体系需要涵盖这些方面，通过多种形式的评价方法，全面衡量学生的综合素质。例如，可以通过团队项目、演讲比赛、创新创业比赛和社会实践活动，评价学生在团队合作、沟通表达、创新思维和职业道德等方面的表现。这种评价方式不仅能够激发学生的多方面潜能，还能培养他们成为全面发展的人才。职业资格证书是对学生职业技能的权威认可，能够显著提高他们的就业竞争力。学校应鼓励和支持学生参加各种职业资格考试，通过获取证书来证明他们的专业能力和职业素养。例如，计算机应用专业的学生可以通过参加计算机等级考试、编程语言认证考试和网络工程师认证考试，获得相应的职业资格证书。这不仅能够增强学生的专业自信，还能为他们的职业发展提供坚实的基础。

在实施多元评价体系的过程中，教学方法的多样化和评估工具的丰富化是关键。传统的考试和测验只能评价学生的部分能力，而项目报告、实践操作考核、现场答辩和自我评估等多种评价方式，能够更全面地反映学生的实际能力和综合素质。例如，通过项目报告和现场答辩，可以评价学生的逻辑思维、表达能力和专业知识的应用能力。通过实践操作考核，可以评价学生的实际操作技能和问题解决能力。通过自我评估和同伴评估，可以了解学生的自我认知和团队合作能力。评价标准应根据不同学科和专业的特点，结合社会和企业的需求，制定科学合理的评价指标体系。通过定期评估和反馈，及时发现学生的优点和不足，进行有针对性指导和改进。例如，可以通过定期的教学评估和反馈会议，分析学生的评价结果，调整教学内容和方法，确保评价体系的科学性和公正性。每个学生都有其独特的兴趣和潜能，通过多元化的评价方式，可以发现和培养学生的特长和爱好。例如，可以通过兴趣小组、选修课程和课外活动，评价学生在不同领域的表现和潜力，帮助他们找到适合自己的发展方向。这不仅能够激发学生的学习兴趣，还能培养他们成为具有独特优势和竞争力的人才。

（四）个性化培养原则

根据学生的兴趣和职业发展方向，提供多样化的课程和培训模块，实施个性化培养，激发学生的学习动力和创新能力。个性化培养原则的核心在于尊重学生的个体差异，通过量身定制的教育方案，帮助学生充分发挥其潜能，找到最适合自己的发展路径。这种以学生为中心的教育模式，不仅能够提高教学效果，还能培养学生的自主学习能力和创新意识。每个学生都有独特的兴趣爱好和学习偏好，传统的单一课程体系往往难以满足所有学生的需求。通过提供多样化的课程选择，学校可以满足不同学生的兴趣和需求，激发他们的学习动力。例如，对于喜欢编程的学生，可以开设高级编程课程和算法设计课程；对于对网络安全感兴趣的学生，可以提供网络安全与防护课程和实训项目。这样的课程设置不仅能让学生学到自己感兴趣的知识，还能激发他们的学习热情，提高学习效果。

每个学生的职业目标和发展路径可能不同，教育机构应根据学生的职业规划，提供相应的培训和指导。例如，对于有意从事软件开发的学生，可以提供项目管理、软件工程和测试技术的培训模块；对于希望进入数据分析领域的学生，可以提供数据挖掘、统计分析和大数据处理的相关课程。这种有针对性培训，不仅能提高学生的专业能力，还能帮助他们更好地适应未来的职业需求。现代教育应采用多种教学方法，如案例教学、项目导向教学、讨论式教学等，增强学生的参与感和互动性。这些教学方法不仅提高了学生的实际操作能力，还培养了他们的团队精神和创新思维。

可以通过导师制，为每个学生配备专业导师，提供个性化的学习和职业指导，帮助学生克服学习中的困难，实现自我提升。现代社会对创新人才的需求日益增加，教育机构应通过多种方式，培养学生的创新意识和能力。例如，可以通过创新创业课程、科技竞赛和创业孵化器等，激发学生的创新灵感，提供展示和实现创意的平台。例如，可以鼓励学生参加各种创新创业比赛，通过实际项目的锻炼，提高他们的创新能力和创业精神。同时，学校可以与企业合作，建立创新实验室和孵化器，为学生提供创新实践和创业支持。现代社会的快速发展要求人才不断更新知识和技能，教育机构应培养学生的持续学习能力和职业发展能力。例如，可以通过在线学习平台、继续教育课程和职业培训项目，提供多样化的学习资源和机会，帮助学生不断提升自我，适应职业发展的需要。

（五）终身学习理念原则

培养学生的持续学习能力和职业发展能力，强调终身学习的重要性，鼓励学生不断更新知识和技能，适应快速变化的技术环境。终身学习理念原则的核心在于帮助学生形成持续学习的意识和能力，使他们能够在职业生涯中不断进步和适应变化。现代社会的发展速度之快，对人才的要求也在不断提升，只有具备终身学习的能力，才能在激烈的竞争中立于不败之地。终身学习理念要求教育机构在课程设置和教学内容上注重培养学生的学习能力。学生在校期间不仅需要掌握专业知识，更需要学会如何学习。通过引导学生进行自主学习、探究式学习和合作学习，教育机构可以培养学生的学习兴趣和能力。例如，可以通过项目导向学习和研究性学习，使学生在解决实际问题的过程中，培养发现问题、分析问题和解决问题的能力。这种学习方式不仅提高了学生的实际操作能力，还培养了他们的自主学习能力和创新思维。

现代职业生涯中，个体的职业路径可能会经历多次转变和调整，教育机构应帮助学生提升适应职业变化和发展的能力。例如，通过职业规划课程和职业辅导，帮助学生制定职业发展计划，明确职业目标和发展路径。通过实习和校企合作项目，学生可以在实际工作环境中积累经验，了解职业需求和发展趋势，提升职业适应能力和竞争力。终身学习理念还要求学生不断更新知识和技能。随着科技的不断进步，新知识和新技术层出不穷，学生必须具备持续学习和更新知识的能力，才能跟上时代的步伐。在线学习平台的灵活性和便捷性，使学生可以根据自己的学习需求安排时间，自主选择学习内容和进度，极大地提升了学习效果和效率。

除了传统的课堂学习和书本知识，学生还可以通过网络课程、公开课、职业培训和自学等多种途径获取知识。例如，通过参加专业培训和认证考试，学生可以提升自己的专业能力和职业资格。通过参加行业研讨会和学术会议，学生可以了解最新的行业动态和技术发展，扩展自己的知识面和视野。这些多样化的学习途径和资源，使学生能够根据自身的兴趣和需求，不断提升和完善自己。培养终身学习能力还需要教育机构提供良好的学习环境和支持服务。通过建立学习资源中心和在线学习平台，提供丰富的学习资源和工具，学生可以方便地获取和利用各种学习材料和信息。例如，通过建立导师制和学术支持中心，为学生提供个性化的学习指导和帮助，帮助他们克服学习中的困难和挑战。通过组织学习小组和学习社区，促进学生之间的交流和合作，分享学习经验和成果，增强学习的积极性和主动性。终身学习理念也要求学生具备积极的学习态度和良好的学习习惯。教育机构应通过各种方式，激发学生的学习动力和兴趣，培养他们的学习主动性和自律性。例如，通过设立学习奖励和表彰制度，鼓励和激励学生的学习行为。通过组织学习竞赛和挑战赛，激发学生的学习热情和竞争意识。通过开展各种学习活动和文化活动，营造浓厚的学习氛围和文化，增强学生的学习体验和成就感。

第二节 "1+X"证书制度下计算机应用专业人才培养体系建设主要内容

一、计算机应用专业理论与实践课程设置

（一）基础理论课程

基础理论课程包括计算机应用专业的核心课程，如数据结构、算法设计、计算机网络、操作系统和数据库系统等，打牢学生的理论基础。计算机应用专业的基础理论课程是学生学习和掌握计算机科学的关键环节，这些课程为学生提供了必要的知识体系和理解框架，使他们能够应对复杂的技术问题和快速变化的技术环境。数据结构研究如何组织、管理和存储数据，以便高效地进行访问和修改。掌握数据结构的基本概念和操作，如链表、栈、队列、树和图等，学生能够理解算法的基础，并在实际编程中选择合适的数据结构，提高程序的效率和性能。例如，在开发搜索引擎时，选择适当的数据结构可以显著提高搜索速度和准确性。

算法是解决问题的步骤和方法，设计高效的算法是计算机科学的核心任务之一。通过学习算法设计，学生能够理解各种算法的原理和应用，包括排序算法、搜索算法、动态规划和贪心算法等。这些知识不仅能帮助学生在编程竞赛和项目开发中解决复杂问题，还能培养他们的逻辑思维和问题解决能力。掌握了算法设计，学生在面对实际工程问题时，能够设计出高效的解决方案。随着互联网和信息技术的发展，计算机网络在现代社会中的地位越来越重要。通过学习计算机网络课程，学生能够理解网络的基本原理、结构和协议，如 TCP/IP 协议、路由算法和网络安全等。这些知识使学生能够设计和管理计算机网络，确保数据的高效传输和安全性。在实际应用中，计算机网络技术被广泛应用于企业网络架构设计、云计算和物联网等领域。

操作系统是计算机系统的核心软件，负责管理硬件资源和提供基本服务。操作系统课程使学生了解操作系统的基本原理和功能，包括进程管理、内存管理、文件系统和设备管理等。通过学习操作系统，学生能够理解计算机系统的运行机制，提高对计算机硬件和软件协同工作的认识。例如，在开发嵌入式系统时，掌握操作系统的知识可以帮助学生优化系统性能和资源利用率。数据库系统课程教学生如何设计、实现和管理数据库，确保数据的高效存储和检索。学生通过学习关系数据库理论、SQL 语言、数据库设计和优化技术，能够掌握数据库系统的基本操作和管理方法。这些知识在现代信息系统中尤为重要，广泛应用于企业管理系统、电子商务平台和大数据分析等领域。例如，掌握了数据库系统，学生可以设计高效的数据库架构，支持企业数据管理和业务分析。

基础理论课程不仅提供了计算机应用专业的知识基础，还培养了学生的逻辑思维和解决问题的能力。通过系统的理论学习，学生能够理解计算机科学的基本概念和方法，打下坚实的专业基础。这些基础理论知识帮助学生应对复杂的技术挑战，提高创新能力和实践能力。此外，基础理论课程还为学生进一步学习和研究计算机科学的高级课题提供了必要的准备。无论是从事科研工作还是进入高科技企业，扎实的理论基础都是学生成功的关键。通过学习数据结构、算法设计、计算机网络、操作系统和数据库系统等课程，学生能够不断拓展知识领域，提升专业水平。在实际教学中，基础理论课程的设置和教学方法也需要不断优化。通过引入实践案例、编程实验和项目开发等教学环节，学生可以将理论知识应用于实际问题，增强学习效果。例如，通过编程实验，学生可以实践数据结构和算法设计的具体应用；通过网络实验，学生可以体验计算机网络的配置和管理；通过操作系统实验，学生可以了解操作系统的内部工作机制。

（二）实践操作课程

开设计算机编程实训、网络配置、数据库管理、信息安全等实践课程，确保计算机应用专业学生具备实际操作能力。实践操作课程是计算机应用专业教学的重要组成部分，通过动手操作和实际项目练习，学生能够将理论知识转化为实际技能，全面提升综合素质。编程是计算机应用专业的基础技能，通过编程实训，学生可以深入理解编程语言的语法和使用方法，掌握编程技巧和解决问题的能力。例如，Java、C++、Python 等编程语言的实训课程，通过编写程序、调试代码和解决实际问题，帮助学生熟练掌握编程语言的应用。在实际操作中，学生不仅能够巩固课堂上学到的理论知识，还能提高编程的逻辑思维和实践能力，培养编程素养。

随着信息技术的发展，网络技术在各个领域的应用越来越广泛。通过网络配置实训，学生可以学习网络设备的安装、配置和管理，包括路由器、交换机、防火墙等设备的操作。例如，通过搭建局域网、配置网络协议和实施网络安全策略，学生能够掌握网络设计和管理的基本技能。这些实训课程不仅提高了学生的实际操作能力，还增强了他们对网络技术的理解和应用能力。数据库技术在现代信息系统中占有重要地位，通过数据库管理实训，学生可以学习数据库的设计、实现和维护方法。实训课程包括 SQL 编程、数据库设计和优化、数据备份与恢复等内容。学生通过实际操作，掌握如何设计高效的数据库结构、编写复杂的查询语句和进行数据库性能调优。例如，学生可以通过构建和管理一个小型数据库系统，掌握从数据建模到数据库实现的完整流程，这不仅提高了数据库操作能力，还增强了数据管理和分析的综合素质。

信息安全是当前计算机领域的热点和难点问题，通过信息安全实训课程，学生可以学习网络安全、数据保护和风险管理的基本知识和技能。实训课程包括网络攻击与防御技术、加密与解密技术、安全协议与策略等内容。例如，通过模拟黑客攻击、实施防火墙策略和加密数据传输，学生能够深入理解信息安全的原理和应用。这些实训课程不仅提高了学生的信息安全意识，还增强了他们的防护技能和应对安全威胁的能力。实践操作课程不仅提供了动手操作的机会，还通过项目式学习和团队合作，培养学生的综合能力和创新思维。例如，在编程实训中，学生可以参与实际项目开发，从需求分析、设计、编码到测试、部署，完整体验软件开发的全过程。这不仅提高了编程技能，还培养了项目管理和团队合作的能力。在网络配置和数据库管理实训中，学生可以通过团队合作，共同解决复杂的问题，增强沟通能力和团队协作精神。

实践操作课程的设置和教学方法也需要不断创新和优化。通过引入最新的技术和工具、设计多样化的实训项目和案例，学生可以接触到最前沿的技术和应用。例如，学校可以引入真实的项目和应用场景，让学生在实际工作环境中进行实训，提高实践能力和职业素养。实践操作课程还应注重评估和反馈，全面评价学生的实际操作能力和综合素质。例如，通过实训报告、项目演示、现场答辩等形式，对学生的实践成果进行评价，及时反馈和改进教学内容和方法。

（三）前沿技术课程

引入计算机应用专业领域的前沿技术课程，如人工智能、大数据、云计算、物联网等，使学生掌握最新的行业动态和技术应用。前沿技术课程的设置不仅丰富了计算机应用专业的教学内容，还为学生提供了了解和掌握新兴技术的机会，提升他们在快速发展的科技领域的竞争力。人工智能作为当前最热门的技术领域，其重要性不言而喻。通过引入人工智能课程，学生可以学习机器学习、深度学习、自然语言处理和计算机视觉等技术。具体课程内容包括算法原理、模型训练、数据处理和应用开发。例如，学生可以通过实际项目，学习如何设计和实现智能推荐系统 、图像识别系统或语音助手。这些课程不仅使学生掌握 AI 的基本概念和方法，还培养他们解决复杂问题和创新应用的能力。

通过大数据课程，学生可以学习数据采集、存储、处理和分析的技术与方法。课程内容包括 Hadoop、Spark 等大数据处理框架，数据挖掘技术，数据可视化工具等。例如，学习如何处理和分析海量数据，从中提取有价值的信息，为企业决策提供支持。这些课程不仅提高了学生的数据处理能力，还增强了他们在数据分析和应用领域的竞争力。通过云计算课程，学生可以学习云计算的基本概念、架构和服务模式，掌握云平台的使用和管理方法。课程内容包括虚拟化技术、云存储、云安全、弹性计算等。例如，学生可以通过实际操作，学习如何在云平台上部署和管理应用，设计高效、安全的云计算解决方案。这些课程不仅使学生了解云计算的基本原理，还培养了他们在云计算环境中进行开发和管理的能力。

物联网作为一种将物理世界与数字世界连接起来的技术，也在前沿技术课程中占据重要位置。通过物联网课程，学生可以学习物联网的架构、通信协议、传感器技术和数据处理方法。课程内容包括 RFID、传感器网络、物联网平台和应用开发等。例如，学习如何设计和实现智能家居系统、智能交通系统或工业物联网解决方案。这些课程不仅使学生掌握物联网的基本技术，还培养了他们在不同应用场景中进行创新和开发的能力。例如，学校可以与科技企业合作，引入最新的技术和应用案例，设计实训项目和课题研究，让学生在真实的应用环境中进行学习和实践。这不仅提高了教学效果，还使学生了解最新的行业动态和技术应用，增强他们的职业素养和创新能力。

前沿技术课程的教学方法也应注重实践与理论的结合，通过项目导向教学、案例分析和实验操作等多种方式，提升学生的学习效果。例如，学生可以通过参与实际项目和竞赛，应用所学技术解决实际问题，提高团队合作和项目管理能力。这种教学方法不仅增强了学生的学习兴趣和动手能力，还培养了他们的创新思维和解决问题的能力。教师需要不断更新自己的知识和技能，掌握最新的技术动态和应用方法。通过参加专业培训、学术交流和企业实践，教师可以提升自己的专业水平和教学能力，为学生提供高质量的教育服务。例如，教师可以通过实际项目指导，帮助学生理解和应用前沿技术，解决学习中的疑难问题，提高教学效果和学生的满意度。

二、计算机应用专业职业资格证书培训

（一）多样化的职业资格证书

提供计算机应用专业相关的Java认证、CCNA认证、OCP认证、CISSP认证等多种职业资格证书课程，满足学生不同的职业发展需求。多样化的职业资格证书课程不仅拓宽了学生的知识和技能面，还为他们提供了更广阔的职业发展机会。通过这些认证课程，学生能够掌握专业领域的核心技术，提升自己的就业竞争力。Java认证是计算机应用专业中非常重要的职业资格证书。Java作为一种广泛使用的编程语言，被广泛应用于企业级应用开发、移动应用开发和大数据处理等领域。通过Java认证课程，学生可以深入学习Java的语法、面向对象编程、设计模式和高级应用等内容。例如，学习Java SE和Java EE的核心技术，掌握如何开发高效、稳定的企业级应用。这些知识和技能不仅使学生在编程领域具备竞争力，还为他们在软件开发和系统架构设计方面的职业发展提供了坚实的基础。

CCNA认证课程涵盖了网络基础知识、路由和交换技术、网络安全和无线网络等内容。通过学习和获得CCNA认证，学生可以掌握网络设备的配置、管理和故障排除技能。例如，学习如何配置和管理Cisco路由器和交换机，设计和维护企业网络，提高网络的安全性和可靠性。这些技能在网络工程、网络管理和信息技术支持等岗位上有着广泛应用。通过OCP认证课程，学生可以学习Oracle数据库的设计、开发和管理技能。课程内容包括SQL编程、数据库设计与优化、备份与恢复、安全管理等。例如，掌握如何设计高效的数据库架构，编写复杂的SQL查询，优化数据库性能。这些知识和技能使学生能够胜任数据库管理员、数据分析师和系统工程师等岗位，满足企业对高水平数据库管理人才的需求。

CISSP认证，即注册信息系统安全专家认证，是信息安全领域的重要职业资格证书之一。CISSP认证课程涵盖信息安全的各个方面，包括风险管理、安全技术、法律和法规、网络安全等。通过学习和获得CISSP认证，学生可以掌握信息安全的理论和实践技能，了解如何保护信息系统的安全，防止网络攻击和数据泄露。例如，学习如何实施安全策略和措施，进行安全评估和审计，设计和管理安全系统。这些技能在信息安全工程师、安全分析师和信息系统审计师等岗位上有着重要应用，使学生在信息安全领域具备专业竞争力。多样化的职业资格证书课程还可以满足学生不同的职业兴趣和发展方向。例如，想从事云计算领域的学生可以选择AWS或Azure认证课程，学习云计算的基础知识和应用技能；想进入大数据领域的学生可以选择Hadoop或Spark认证课程，学习大数据处理和分析技术；想从事人工智能领域的学生可以选择TensorFlow或Py Torch认证课程，学习机器学习和深度学习的原理和应用。

多样化的职业资格证书课程还促进了学生的持续学习和职业发展。通过不断学习和

获得新的职业资格证书，学生能够保持技术的先进性和竞争力。例如，通过参加职业资格认证考试，学生可以不断更新自己的知识和技能，了解最新的技术趋势和应用，提升自己的职业素养和发展潜力。这种持续学习和职业发展的机制，不仅提高了学生的就业竞争力，还增强了他们的职业自信心和成就感。职业资格证书的权威性和认可度也为学生提供了广泛的职业发展机会。例如，一家大型 IT 公司在招聘网络工程师时，更倾向于录用那些持有 CCNA 认证的求职者，因为这些认证证明了他们具备扎实的网络技术知识和操作技能，能够快速适应工作岗位，发挥专业作用。

（二）系统化的培训计划

根据不同计算机应用专业职业资格证书的要求，制定系统化的培训计划，包括课程学习、实训项目和认证考试准备，确保学生顺利通过认证考试。系统化的培训计划不仅帮助学生全面掌握所需知识和技能，还提升了他们的实践能力和应试技巧，为未来的职业发展奠定坚实基础。对于每种职业资格证书，课程设置应全面覆盖认证考试的知识点和技能要求。例如，Java 认证课程应包括 Java 编程基础、面向对象编程、数据结构与算法、Java 标准库以及高级特性和框架。通过系统的课程学习，学生能够深入理解 Java 编程语言的各个方面，掌握开发企业级应用所需的技术。

理论与实践的结合是计算机应用专业教育的关键，通过实际项目的操作，学生可以将课堂上学到的知识应用于现实问题中。例如，在 CCNA 认证培训中，学生可以参与网络搭建和配置的实训项目，练习配置路由器、交换机和防火墙等网络设备，模拟企业网络的实际运作。这种实训项目不仅帮助学生巩固知识，还培养了他们的动手能力和解决问题的能力。为了确保学生顺利通过认证考试，系统化的培训计划还应包括专门的认证考试准备阶段。这个阶段的目标是帮助学生熟悉考试形式和题型，掌握应试技巧。例如，在 OCP 认证培训中，可以安排模拟考试和练习题库，帮助学生进行自我测试和知识点复习。通过模拟考试，学生可以了解自己的弱点和不足，有针对性地进行复习和提高，增强考试信心和成功率。

不同学生的学习基础和职业目标各不相同，培训计划应根据学生的具体情况进行调整。例如，对于有编程基础的学生，可以设计更高级的 Java 编程课程和项目，而对于基础较弱的学生，则需要提供更多的基础知识和入门练习。通过个性化的培训安排，确保每个学生都能得到最合适的学习内容和支持，最大化培训效果。职业资格认证不是学习的终点，而是职业发展的新起点。培训计划应鼓励学生不断更新知识和技能。例如，在 CISSP 认证培训中，可以提供信息安全的最新趋势和技术讲座，帮助学生了解行业动态，保持技术先进性。这种持续学习的理念不仅提高了学生的职业素养，还增强了他们的职业竞争力和发展潜力。

为了确保系统化培训计划的有效实施，教育机构应提供全面的支持服务。这包括专业的师资力量、丰富的学习资源和良好的学习环境。教师应具备深厚的专业知识和丰富的教学经验，能够为学生提供高质量的教学和指导。例如，学校可以聘请行业专家和认证讲师，开展专题讲座和实训指导，帮助学生深入理解认证考试的关键知识点和实际应用。教育机构应提供各类教材、在线课程、实验设备和学习平台，方便学生进行自主学习和实践操作。例如，可以通过在线学习平台提供认证考试的模拟题库和视频课程，帮助学生随时随地进行学习和复习。此外，学校可以建立专业实验室，提供计算机和网络设备，支持学生进行实训项目和实验操作。学校应营造积极向上的学习氛围，鼓励学生互相学习和交流，形成良好的学习习惯和团队精神。例如，可以通过学习小组、讨论班和项目团队等形式，促进学生之间的合作和知识分享，提高学习效果和效率。此外，学校应提供心理支持和学习指导，帮助学生解决学习中的困难和困惑，增强学习信心和动力。

三、校企合作与计算机应用专业实训基地建设

（一）校企合作课程设计

与IT企业合作，邀请企业专家参与计算机应用专业课程设计，确保课程内容与行业需求无缝对接。教育机构能够获得最新的行业信息和技术动向，使课程内容更加实用和前瞻性。这样的合作不仅提升了教育质量，还增强了学生的职业竞争力和适应能力。校企合作课程设计可以确保课程内容的实用性和前瞻性。IT行业发展迅速，技术更新频繁，传统的课程设计往往难以跟上行业的变化。通过与IT企业合作，教育机构能够及时了解行业的最新需求和技术发展趋势，将这些信息融入课程设计中。例如，随着大数据和人工智能技术的兴起，企业可以提供最新的大数据处理和机器学习案例，使学生能够接触到前沿技术，提升他们的专业能力和市场竞争力。

企业专家的参与为课程设计带来了实际经验和应用案例。企业专家通常具有丰富的实践经验和项目管理能力，能够为课程设计提供宝贵的实践指导和案例分析。例如，在网络安全课程中，企业专家可以分享实际的网络攻击和防御案例，帮助学生理解理论知识在实际工作中的应用。这种结合理论与实践的教学方式，不仅提高了课程的生动性和实用性，还增强了学生解决实际问题的能力。教育机构还可以开发定制化的课程和培训项目，以满足特定行业或企业的需求。例如，某IT企业需要一批熟练掌握特定编程语言和开发工具的软件工程师，学校可以根据企业需求，设计专门的编程和项目开发课程，进行定向培养。这样一来，学生在校期间就能获得针对性培训，提高了他们的就业机会和职业发展潜力，企业也能够快速获得符合需求的高素质人才，实现双赢。

校企合作还可以通过实习和项目合作的形式，提供学生实际操作和项目管理的机会。例如，学生可以参与企业的开发项目，从需求分析、系统设计、编码测试到部署运维，全面了解软件开发的全过程。这种实习和项目合作，不仅提升了学生的实践能力和

职业素养，还增强了他们对行业的理解和适应能力。校企合作课程设计还能够促进教师的专业发展和教学能力的提升。教师通过参与企业的项目和培训，了解行业的最新技术和应用，提高自己的专业水平和教学能力。例如，教师可以到企业进行挂职锻炼，参与实际项目的开发和管理，学习最新的技术和工具。这种实践经验不仅提升了教师的教学质量，还为学生提供了更加丰富和多样的学习资源。

通过参与课程设计和人才培养，企业可以将自己的技术和管理理念融入教育体系，培养出更符合自身需求的高素质人才。例如，企业可以参与课程标准的制定，确保学生在校期间就能掌握企业所需的核心技能和知识，减少企业的培训成本和时间。此外，企业通过提供实习和就业机会，可以建立起优秀人才的储备库，为未来的发展打下坚实的基础。校企合作课程设计还需要建立有效的沟通和反馈机制，确保合作的顺利进行和持续改进。教育机构和企业应定期召开合作会议，交流课程设计和实施的经验和问题，共同探讨解决方案。例如，可以通过问卷调查和座谈会，收集学生和教师的意见和建议，及时调整和优化课程内容和教学方法。这样的沟通和反馈机制，不仅提高了合作的透明度和参与度，还促进了课程设计的不断改进和创新。

（二）实训基地建设

与企业共建计算机应用专业实训基地，为学生提供真实的工作环境和实践机会，增强学生的实际操作能力和职业素养。实训基地建设是校企合作的重要组成部分，通过这种合作，学生能够在接近真实的工作环境中进行实践操作，全面提升综合素质和职业技能。传统的课堂教学主要以理论知识为主，学生在实际操作方面的机会较少。而通过实训基地，学生可以在真实的环境中进行项目开发、网络配置、数据库管理等实际操作。例如，学生可以在企业提供的网络实验室中，练习配置路由器、交换机和防火墙，掌握网络管理的基本技能。这样的实践机会，使学生能够将理论知识转化为实际技能，增强对所学知识的理解和应用能力。

实训基地可以模拟企业的工作环境，让学生提前适应职业氛围。通过在实训基地的学习和实践，学生可以了解企业的工作流程和管理模式，培养职业素养和团队合作精神。例如，学生在实训基地参与项目开发时，可以体验项目从需求分析、系统设计、编码测试到部署运维的全过程，学习如何在团队中协作，如何进行项目管理和进度控制。这些实践经验，不仅提高了学生的实际操作能力，还增强了他们的职业素养和适应能力，为未来的职业发展打下坚实的基础。通过与企业共建实训基地，学校可以获得企业的技术支持和资源共享，提升教学质量和水平。企业在实训基地中提供最新的技术设备和工具，帮助学生掌握前沿技术和应用方法。例如，企业可以提供先进的云计算平台、大数据处理工具和人工智能开发环境，让学生在实践中学习和应用最新的技术。这不仅提升了教学内容的实用性和前瞻性，还增强了学生的学习兴趣和动手能力。

教师在实训基地中可以参与企业的实际项目，了解最新的技术动态和应用案例。例如，教师可以在企业专家的指导下，学习如何应用新技术，如何进行项目管理和质量控制。与企业共建实训基地，还可以为学生提供丰富的实习和就业机会。企业在实训基地中可以观察和选拔优秀学生，为他们提供实习岗位和就业机会。例如，学生在实训基地表现优异，可以被企业推荐到实际项目中进行实习，提高职业素养和就业竞争力。

实训基地的建设还需要建立完善的管理和评估机制，确保实训基地的高效运行和持续改进。学校和企业应共同制定实训基地的管理制度和操作流程，明确双方的职责和权利，确保实训基地的有序运行。例如，可以建立定期的评估和反馈机制，收集学生、教师和企业的意见和建议，及时调整和改进实训基地的管理和运行，提升实训效果和学生满意度。在实训基地的运行过程中，还应注重安全和保障措施，确保学生的安全和健康。学校和企业应共同制定实训基地的安全管理制度，提供必要的安全设备和培训，确保学生在实训过程中的安全。

（三）企业导师指导

企业派遣专业技术人员担任计算机应用专业实训导师，指导学生进行实际操作和项目实践，提高实践教学效果。通过引入企业导师，学生能够直接从行业专家那里获取最新的技术知识和实践经验，极大地提升了实践教学的质量和效果。企业导师具备丰富的实践经验和专业知识，能够为学生提供宝贵的实际操作指导。与传统的课堂教学不同，企业导师可以将实际工作中的案例和项目引入教学过程中。例如，企业导师可以讲解他们在实际项目中遇到的问题和解决方案，帮助学生理解理论知识在实际应用中的重要性和方法。这样的指导不仅使教学内容更加生动和具体，还增强了学生的实际操作能力和解决问题的能力。

企业导师可以带来最新的行业动态和技术趋势。计算机应用领域技术更新迅速，学校的教学内容往往难以跟上行业的变化。而企业导师在行业中工作，能够及时了解和应用最新的技术和工具。例如，企业导师可以向学生介绍最新的编程语言、开发框架和工具链，使学生掌握当前最实用和最先进的技术。这样，学生不仅能够满足当前的行业需求，还能在未来的职业生涯中保持竞争力。通过企业导师的指导，学生可以参与实际项目实践，积累宝贵的工作经验。企业导师可以带领学生参与实际的开发项目，从需求分析、系统设计、编码、测试到部署的全过程。例如，在开发一个企业管理系统的项目中，企业导师可以指导学生进行需求分析，设计系统架构，编写代码和进行测试，最后部署到实际环境中。通过这样的项目实践，学生不仅掌握了实际操作技能，还增强了团队合作和项目管理能力。

企业导师的参与还可以帮助学生了解企业的工作流程和职业素养，提前适应职业环境。通过与企业导师的互动，学生可以学习如何与团队成员沟通合作，如何在项目中分配任务和管理时间。例如，企业导师可以分享他们在项目管理中的经验和技巧，帮助学生理解项目管理的重要性和方法。这些职业素养和工作流程的培训，为学生进入职场做好了充分的准备，增强了他们的职业素养和适应能力。企业导师的指导还可以提高学生的学习兴趣和积极性。与传统的课堂教学相比，企业导师带来的实际案例和项目更具吸引力和挑战性。学生在参与实际项目的过程中，能够看到自己的学习成果，感受到解决实际问题的成就感。例如，学生在完成一个复杂的编程任务或解决一个实际的网络故障后，会产生强烈的自豪感和成就感。这种积极的学习体验，不仅提高了学生的学习兴趣和动力，还增强了他们的自主学习和创新能力。

教师的专业水平和教学能力也能够得到提升。教师在与企业导师合作的过程中，可以学习最新的技术和应用方法，提高自己的专业知识和实践技能。例如，教师可以与企业导师共同参与项目实践，了解最新的行业动态和技术趋势。企业导师的指导还可以为学生提供实习和就业机会。企业导师在指导学生的过程中，可以观察和选拔优秀的学生。学生不仅能够在学习期间获得实际工作经验，还能增加就业机会，实现学业与就业的无缝对接。

为了确保企业导师指导的有效性，学校和企业应建立完善的合作机制和评价体系。学校应明确企业导师的职责和权利，提供必要的支持和保障。例如，学校可以为企业导师提供培训和指导，帮助他们了解学校的教学目标和方法，提高指导效果。企业也应根据实际情况，选派合适的技术人员担任导师，确保他们具备丰富的专业知识和实践经验。此外，学校和企业应定期评估企业导师的指导效果，收集学生的反馈意见，不断改进和优化指导方法。

第三节　"1+X"证书制度下计算机应用专业人才培养体系建设意义

一、优化学生专业技能，全面契合 IT 行业多元化发展需求

通过"1+X"证书制度，学生不仅获得计算机应用专业的学历证书，还能通过多种职业资格证书认证其在编程、网络管理、数据库管理等方面的专业技能，全面提升学生在计算机领域的技能水平。"1+X"证书制度的核心在于将理论知识教育与职业技能培训有机结合，使学生在掌握理论知识的同时，也能具备实际操作能力，从而在激烈的就业市场中脱颖而出。学生能够系统地学习计算机应用专业的核心课程，如数据结构、算法设计、操作系统和计算机网络等。这些课程为学生提供了扎实的理论基础，使他们能够理解和掌握计算机科学的基本原理和方法。然而，仅仅依靠这些理论知识，学生在实际工作中可能会遇到许多困难。因此，职业资格证书的引入显得尤为重要。

职业资格证书为学生提供了验证其专业技能的机会。例如，编程能力是计算机专业学生必须具备的重要技能之一。通过参加各类编程认证考试，如 Java 认证、Python 认证和 C++ 认证，这些认证考试通常包含丰富的实践题目，要求学生在规定时间内完成实际编程任务，这种方式不仅检验了学生的编程能力，还培养了他们的实际操作经验和解决问题的能力。网络管理和数据库管理也是计算机应用专业的重要领域。学生可以参加网络管理认证（如 Cisco 的 CCNA 认证）和数据库管理认证（如 Oracle 的 OCP 认证）。这些认证考试不仅涵盖了网络和数据库管理的理论知识，还包括大量的实验操作和实战案例，要求学生在模拟环境中进行网络配置、故障排除和数据库管理等实际操作。通过这些认证考试，学生能够系统地学习网络和数据库管理的知识，积累丰富的实践经验，从而全面提升其在这些领域的专业技能。

学生还可以参加信息安全认证（如 CISSP 和 CEH 认证），学习和掌握信息安全的基本原理和技术方法。这些认证考试不仅要求学生具备扎实的理论知识，还要求他们能够进行实际的安全测试和漏洞分析，通过这些考试，学生能够提升自己的信息安全意识和技能，具备解决实际安全问题的能力。"1+X"证书制度的另一个重要优势在于其多样性和灵活性。学生可以根据自己的兴趣和职业发展目标，选择不同的职业资格证书进行认证。例如，有些学生可能对人工智能和机器学习感兴趣，他们可以选择相关的职业资格证书，如 TensorFlow 认证或机器学习工程师认证。通过系统学习和实践，这些学生能够掌握人工智能和机器学习的核心技术和应用方法，具备从事相关工作的能力。

"1+X"证书制度培养的计算机专业人才不仅具备扎实的理论知识，还具备实际操作能力，能够快速适应不同岗位要求，满足行业多样化需求。IT 行业的迅猛发展和技术更新速度对人才提出了更高、更广泛的要求，传统的学历教育已难以完全满足这一需求。"1+X"证书制度通过整合学历教育与职业技能培训，培养出更加适应行业需求的复合型人才。计算机科学的核心课程，如数据结构、算法设计、计算机网络、操作系统等，帮助学生建立系统的知识框架。然而，仅有理论知识是不够的，IT 行业的实际工作环境中更强调实践能力和解决问题的能力。职业资格证书通过系统的培训和严格的认证考试，检验学生的实际操作技能，使他们能够将理论知识应用到实际工作中。

从软件开发、网络工程、信息安全到数据库管理、云计算、人工智能，每一个细分领域都需要专门的知识和技能。"1+X"证书制度允许学生根据自己的兴趣和职业目标，选择相应的职业资格证书进行认证。例如，学生可以选择 Java、Python 等编程语言的认证，成为软件开发工程师；也可以选择 Cisco 的网络工程师认证，成为网络管理专家；还可以选择 CISSP 等信息安全认证，从事网络安全工作。这种灵活性确保了学生能够在毕业时具备满足特定岗位需求的专业技能。IT 行业技术更新速度快，对从业人员的持续学习能力提出了较高的要求。"1+X"证书制度鼓励学生不断学习和更新知识，通过获取新的职业资格证书，保持技能的先进性和竞争力。例如，随着人工智能和大数据技术的兴起，学生可以选择相关的职业资格证书，学习最新的技术和应用方法，保持与行业前沿的同步。这种持续学习和技能更新的机制，使学生能够适应技术变革和市场需求的变化，保持职业发展的可持续性。

学生不仅学习了如何应用现有技术，还培养了应对技术变化和挑战的能力。IT 行业常常需要员工快速适应新技术和新工具，职业资格证书的认证过程通常包含大量的实训和项目实践，帮助学生在实际操作中积累经验。例如，获得 DevOps 认证的学生不仅了解开发和运维的基础知识，还能通过实践操作掌握自动化部署、持续集成和持续交付等关键技术，具备在实际工作中解决复杂问题的能力。另外，企业在招聘过程中越来越看重应聘者的实际操作能力和职业资格证书。职业资格证书不仅是对专业技能的认可，也是企业评估应聘者能力的重要依据。例如，一家大型科技公司在招聘网络安全工程师时，会优先考虑那些拥有 CISSP 或 CEH 认证的应聘者，因为这些证书证明了应聘者在网络安全方面的专业知识和实际操作能力。因此，通过"1+X"证书制度培养的学生，通常能够更好地满足企业的用人需求，提高就业率和职业发展前景。

二、增强学生职场竞争力，助力高素质 IT 人才的精准培养

获得行业认可的计算机相关职业资格证书，使学生在就业市场上更具竞争力，能够胜任软件开发、网络工程、信息安全等岗位，提高其就业率和职业发展前景。职业资格证书的权威性和实用性为学生提供了重要的竞争优势，确保他们在求职过程中脱颖而出，获得理想的工作机会。计算机相关的职业资格证书，如 Java 认证、CCNA 认证、OCP 认证和 CISSP 认证等，均由业内知名机构颁发，具有较高的公信力和认可度。这些证书证明了学生具备扎实的专业知识和实践技能，能够胜任相关岗位的工作要求。例如，拥有 Java 认证的学生在求职软件开发岗位时，其编程能力和项目经验得到了权威机构的认可，使其在众多应聘者中脱颖而出。

为了通过这些认证考试，学生需要系统地学习相关领域的知识，进行大量的实践操作，解决实际问题。这种学习和实践过程不仅提升了学生的专业技能，还培养了他们的自学能力、问题解决能力和实际操作能力。例如，CCNA 认证考试不仅考查学生的网络理论知识，还要求他们在模拟环境中进行网络配置和故障排除，通过这种综合性考核，学生的网络管理能力得到了显著提升。此外，职业资格证书为学生提供了更多的职业发展机会。计算机领域的职业岗位种类繁多，不同的职业资格证书对应着不同的专业方向和岗位需求。例如，获得 OCP 认证的学生可以从事数据库管理和开发工作，获得 CEH 认证的学生可以从事信息安全和渗透测试工作。这些证书为学生提供了明确的职业发展路径，使他们能够根据自己的兴趣和职业目标，选择适合自己的职业方向，提升职业发展前景。例如，一家软件公司在招聘 Java 开发工程师时，可能会优先考虑那些拥有

Java认证的应聘者，因为这些应聘者的编程能力和项目经验得到了权威机构的认可，能够更快地上手工作，减少培训成本。获得职业资格证书还能够提高学生的薪资水平和职业发展空间。职业资格证书不仅是对学生专业技能的认可，也是其职业能力和职业素养的体现。在企业中，拥有职业资格证书的员工通常能够获得更高的薪资和更快的晋升机会。例如，一名获得CISSP认证的网络安全工程师，其薪资水平和职业发展前景通常要高于未获得认证的同行，因为CISSP认证不仅证明了其具备扎实的网络安全知识和技能，还体现了其在信息安全管理和风险评估方面的能力。职业资格证书的获得还能够增强学生的职业自信心和职业素养。在通过严格的认证考试后，学生对自己的专业能力有了更高的认可和信心，这种自信心不仅有助于他们在求职过程中的表现，也有助于他们在工作中的发挥。例如，一名通过了OCP认证的数据库管理员，在面对复杂的数据库管理任务时，能够更加自信和从容地解决问题，提高工作效率和工作质量。

这一制度不仅为学生提供了多样化的学习路径和职业发展机会，还通过引入行业标准和前沿技术，全面提升了人才培养的质量和效果。“1+X”证书制度的实施，为学生提供了系统化的学习和培训体系。学生不仅可以通过学历教育掌握扎实的理论知识，还能够通过职业资格证书课程获得专业技能的认证。例如，通过学习网络安全课程并获得相关认证，学生能够掌握最新的网络防护技术和实战技能，具备应对复杂网络威胁的能力。这样的系统化培训，确保学生在毕业时具备理论与实践相结合的综合能力。IT行业的快速发展和技术更新，要求从业人员不断提升和更新自己的知识和技能。学校可以引入相关的职业资格认证课程，帮助学生掌握这些前沿技术，满足市场对高端技术人才的需求。

三、强化实践教学，提升计算机职业教育的品牌地位

教育机构与IT企业建立紧密合作，企业参与课程设计、实训指导和职业资格认证，确保教学内容与行业需求无缝对接，提升学生实践能力。校企合作的核心在于将教育与产业紧密结合，通过资源共享和优势互补，共同推动计算机教育教学改革，培养符合市场需求的高素质人才。企业在行业中积累了丰富的经验和最新的技术信息，可以为课程设计提供宝贵的参考。通过企业的参与，学校可以根据行业的发展趋势和实际需求，设计出更加符合市场需求的课程。例如，在软件开发课程中，企业可以建议增加最新编程语言和开发工具的教学内容，确保学生掌握最前沿的技术。这样一来，学生不仅能够学习到理论知识，还能了解行业应用，提高其在就业市场上的竞争力。学校可以为学生提供真实的工作环境和实践机会。企业可以派遣专业技术人员到学校担任实训指导，教授学生实际操作技能和工作流程。例如，网络工程课程中的网络配置和故障排除实训，企业专家可以指导学生在模拟环境中进行实际操作，帮助他们积累实践经验，掌握解决实际问题的能力。这种实训指导不仅提高了学生的动手能力，还增强了他们对行业的了解

和适应能力。

职业资格认证是"1+X"证书制度的重要组成部分，校企合作在其中起着关键作用。企业作为职业资格认证的参与者，可以确保认证标准的科学性和权威性。例如，企业可以与学校合作开发认证考试内容和评估标准，确保其涵盖最新的技术和行业需求。通过这样的认证考试，学生不仅可以获得权威的职业资格证书，还能通过系统学习和认证过程，提升自己的专业能力和实践技能。企业在这一过程中也能够识别和选拔优秀人才，满足自身的用人需求。通过定期交流和合作，学校可以及时了解行业的发展动态和技术变化，调整和更新教学内容。例如，随着大数据和人工智能技术的快速发展，企业可以向学校提供最新的技术信息和应用案例，帮助学校在课程中引入这些新技术。这样的合作不仅确保了教学内容的前瞻性和实用性，还使学生在毕业时具备了满足行业需求的知识和技能。

职业资格证书的引入，还提高了计算机职业教育的社会认可度和吸引力，计算机职业教育在人才培养中的地位得到提升，推动职业教育发展和创新。随着信息技术的迅猛发展，社会对计算机专业人才的需求越来越大，职业资格证书成为衡量专业能力的重要标准，极大地提升了计算机职业教育的声誉和价值。职业资格证书的引入使得计算机职业教育的质量和标准得到了提升。这些证书由行业权威机构颁发，具有较高的认可度和权威性，通过严格的考试和认证过程，确保学生掌握了扎实的专业知识和实践技能。例如，Java 认证、Cisco 认证和 Oracle 认证等，都是行业内公认的高标准认证，通过这些考试的学生，其专业能力得到了社会和企业的广泛认可。"1+X"证书制度通过整合学历教育与职业资格认证，提升了计算机职业教育的吸引力。学生不仅能够获得学历证书，还可以通过获取多个职业资格证书，增强自己的专业能力和就业竞争力。这种双重认证模式使得职业教育更具吸引力，吸引了更多的学生选择计算机职业教育路径。例如，在就业市场上，虽然中职学生受到一定的学历歧视，但是如果他们有多个相关方面的证书认证，明显会在面试的时候得到一些加分项。因为证书是理论知识应用能力的体现，具备证书说明中职生能够将理论知识应用在实际问题中，具备解决问题的能力。对于当今结果导向的社会来说，这明显更容易受到企业青睐。

计算机职业教育的社会认可度也得到了显著提升。社会和企业对职业资格证书的认可，直接反映了对职业教育的认可。企业在招聘时，更加青睐那些持有职业资格证书的求职者，因为这些证书不仅证明了求职者的专业技能，还体现了他们的学习能力和职业素养。例如，在招聘软件开发工程师时，企业更倾向于录用那些持有 Java 认证或 Python 认证的求职者，因为这些证书证明了他们具备扎实的编程能力和项目经验。职业资格证书的引入还推动了职业教育的发展和创新。"1+X"证书制度要求教育机构不断更新和优化课程设置，确保教学内容紧跟行业发展和技术进步。例如，学校在课程中增加了最新的编程语言、网络安全技术和大数据处理等内容，使学生能够掌握最新的技术和应用方法。这种持续的课程创新，不仅提升了教育质量，还推动了职业教育的发展和改革。

“1+X”证书制度促进了校企合作，为职业教育注入了新的活力。企业参与职业资格认证和课程设计，提供实训基地和项目指导，确保教育内容与行业需求无缝对接。学生能够在真实的工作环境中进行实践操作，提高职业素养和就业能力。例如，一家IT公司与学校合作，开设网络安全课程，并为学生提供实习机会，学生通过实践操作，掌握了网络安全的核心技术，提高了就业竞争力。计算机职业教育在人才培养中的地位也得到了提升。职业资格证书的认可，使得职业教育在整个教育体系中的地位更加重要。职业教育不再只是传统教育的补充，而成为培养高素质、应用型人才的重要途径。例如，许多中职学校通过实施“1+X”证书制度，培养出大量具备高技能和实践能力的计算机专业人才，为社会和企业输送了大批优质人才，提升了职业教育的地位和影响力。“1+X”证书制度还促进了职业教育的国际化发展。许多职业资格证书具有国际认可度，通过这些认证，学生的专业能力不仅在国内得到认可，在国际上也具有竞争力。例如，Cisco认证和Oracle认证等国际知名证书，使得学生在全球范围内具备就业竞争力，推动了职业教育的国际化发展。这种国际化视野，不仅提升了职业教育的水平，也为学生提供了更广阔的发展空间和机会。

四、激发学生的学习热情，推动终身学习的理念

多样化的证书获取途径和职业发展路径，使学生能够根据自身兴趣和职业目标选择相应的计算机课程和培训模块，激发学习主动性和动力，提升学习效果。学生有更多的选择和机会去探索自己的兴趣领域，制定符合自身职业发展的学习计划，这增强了他们的学习积极性和自主性。学生不再局限于传统的学术课程，而是可以选择自己感兴趣的职业资格证书课程。例如，学生可以选择Java编程认证、网络管理认证或数据分析师认证等，这些课程不仅能够满足不同学生的兴趣爱好，还能帮助他们在特定领域内深入学习，掌握专业技能。这种多样化的选择使学生能够更加投入和专注于自己的学习，提高了学习的效果。学生可以根据自己的职业目标选择相应的学习内容和培训模块。例如，想要成为软件开发工程师的学生可以选择编程和软件工程相关的证书，想要从事网络安全工作的学生可以选择信息安全相关的认证。这些明确的职业发展路径使学生能够有针对性地规划自己的学习和职业发展，提高学习的目的性和动力。

通过多样化的学习选择和职业发展路径，学生能够更加主动地参与到学习过程中。传统的教学模式往往是被动的，学生按照既定的课程表学习，缺乏自主选择的空间。而“1+X”证书制度赋予了学生更多的自主权，使他们能够根据自己的兴趣和需求选择学习内容。这种主动选择的过程，使学生更加投入和专注，从而提高了学习效果和效率。

此外，多样化的证书获取途径和职业发展路径也有助于学生发现和发挥自己的潜力。在多样化的学习环境中，学生可以不断尝试和探索，找到最适合自己的领域和方向。例如，通过参加不同的职业资格认证，学生可以发现自己在编程、网络管理或数据分析方面的特长，并在这些领域内深入学习，提升自己的专业技能。这种自我发现和提升的过程，不仅增强了学生的自信心，还激发了他们的学习兴趣和动力。

在多样化的学习过程中，学生的自主学习能力也得到了显著提升。职业资格认证通常要求学生进行大量的自主学习和实践操作，这不仅锻炼了他们的学习能力，还培养了他们的独立思考和解决问题的能力。例如，学生在准备编程认证考试时，需要自主完成编程项目，这种自主学习的过程，提高了他们的学习能力和解决问题的能力。多样化的学习选择和职业发展路径还能够增强学生的学习体验和满意度。通过选择自己感兴趣的学习内容，学生能够更加享受学习的过程，减少学习的枯燥感和压力。例如，学生可以选择参加与职业资格认证相关的实践项目和实习，通过实际操作和实践体验，增强对知识的理解和应用能力。这种丰富的学习体验，不仅提高了学生的学习效果，还增强了他们的学习满意度和成就感。学校和教师在实施"1+X"证书制度过程中，也应充分发挥引导和支持作用。通过提供多样化的学习资源和支持服务，帮助学生制定学习计划，选择适合自己的职业资格认证和培训模块。例如，学校可以通过职业规划课程和职业指导，帮助学生明确职业目标和发展路径，为他们提供个性化的学习建议和指导。终身学习理念的核心在于帮助学生形成持续学习的习惯和能力，使他们能够在职业生涯中不断进步，保持竞争力。计算机技术的发展速度非常快，新技术和新工具层出不穷，要求从业者具备持续学习和更新知识的能力。"1+X"证书制度通过多样化的证书获取途径和职业发展路径，培养学生在校期间养成持续学习的习惯。例如，学生可以选择不同的职业资格认证，不断挑战新的技术领域，如从编程语言到网络安全，从数据库管理到人工智能，这些证书要求学生持续学习和掌握最新技术，保持与行业发展的同步。通过职业规划和指导，学生能够根据自身兴趣和市场需求，制定合理的职业发展计划，并通过不断学习和获取相关证书，逐步实现自己的职业目标。例如，一名希望成为云计算专家的学生，可以通过学习基础课程和获得初级证书，逐步深入学习更高级的技术和获取更高水平的认证，从而在职业发展中不断进步。

"1+X"证书制度通过提供丰富的学习资源和多样化的学习途径，支持学生在职业生涯中的持续学习。例如，在线学习平台和继续教育课程，使学生可以根据自身需要和时间安排，不断提升自己的专业技能和知识水平。这种灵活的学习方式，使学生能够在工作之余保持学习，不断适应行业的变化和发展的需求。学生在学习过程中不仅要掌握现有技术，还要关注新技术的出现和发展。例如，人工智能、区块链、物联网等新兴技术不断涌现，学生需要通过持续学习和认证，及时更新知识和技能，保持在行业中的竞争力。学校和企业可以合作，提供最新的技术培训和认证课程，帮助学生了解和掌握最新的技术动向。

学校可以通过设置继续教育部门，提供多样化的学习资源和支持服务，帮助学生在毕业后继续学习和发展。例如，学校可以与企业和行业协会合作，开发和推广在线学习平台，提供各种职业培训和认证课程，满足学生在职业生涯中的学习需求。教师也可以通过持续学习和实践，不断提升自己的专业水平，为学生提供更好指导和支持。通过企业培训和职业发展规划，企业可以帮助员工不断更新知识和技能，提升工作能力和职业素养。例如，企业可以定期组织技术培训和认证考试，提供学习资源和奖励机制，鼓励员工持续学习和进步。企业还可以与学校合作，开发定制化的培训课程和认证项目，为员工提供更多的学习机会和发展空间。终身学习理念不仅有助于个人职业发展的持续进步，也对社会和经济的发展具有重要意义。通过培养具备持续学习能力的高素质人才，社会能够不断提升劳动力的整体素质和竞争力，推动技术进步和经济发展。例如，具备持续学习能力的计算机专业人才，能够迅速适应新技术的变化和应用，推动企业的创新和发展，提高生产效率和市场竞争力。

五、推动计算机教育革新，增强计算机教育公平性

实施"1+X"证书制度，促使教育机构不断优化计算机课程设置，更新教学内容，引入前沿技术和企业资源，推动计算机教育教学改革，提高教育质量。"1+X"证书制度通过结合学历教育和职业技能认证，推动教育机构进行全面的教学改革，以适应现代信息技术的发展和市场需求的变化。传统的课程设置往往偏重理论，缺乏实践操作和应用能力的培养。而"1+X"证书制度强调理论与实践相结合，要求课程设置既要有扎实的理论基础，又要涵盖丰富的实践内容。例如，除了讲授数据结构、算法设计、计算机网络等基础课程外，学校还应增加编程实训、网络配置、数据库管理等实践课程，确保学生不仅懂得理论知识，还能熟练操作和应用。信息技术的发展日新月异，新的技术和应用不断涌现，教育机构必须及时更新教学内容，引入最新的技术和应用实例。例如，随着人工智能和大数据的快速发展，学校应将机器学习、深度学习、大数据处理等内容纳入课程体系，帮助学生掌握前沿技术。同时，通过引入实际案例和项目，让学生在解决实际问题的过程中，学会如何应用新技术。

学校可以获得最新的技术信息和行业需求，确保教学内容与市场需求无缝对接。例如，学校可以邀请企业专家和技术人员担任兼职教师，开设专题讲座和技术培训课程，让学生直接了解企业的实际需求和技术应用。企业也可以提供实训基地和项目，让学生在真实的工作环境中进行实践操作，积累实际经验。学校可以采用更多的互动式和实践导向的教学方法。例如，通过项目导向教学、案例教学、团队合作等方式，让学生在实际项目中学习和应用知识，培养他们的动手能力和解决问题的能力。这样的教学方法不

仅提高了教学效果，还激发了学生的学习兴趣和积极性。

为了满足新的教学要求，教师必须不断学习和更新自己的知识和技能。学校可以通过定期培训、学术交流和企业实践等方式，提升教师的专业水平和教学能力。例如，教师可以参加专业技术培训和认证考试，了解最新的技术和教学方法，增强自己的教学能力。学校也可以鼓励教师到企业进行实践锻炼，了解行业需求和技术应用，为教学提供更丰富的实践经验。在推动计算机教育教学改革的过程中，评估和反馈机制同样重要。通过建立科学的评估体系和反馈机制，学校可以及时了解教学效果和学生的学习情况，不断改进和优化教学方案。例如，通过定期的教学评估和学生反馈，及时进行调整和改进。这样的评估和反馈机制不仅提高了教学质量，还增强了学生的学习体验和满意度。“1+X”证书制度还促进了教育资源的共享和利用。通过建立职业教育资源平台，学校可以共享优质的教学资源和学习资料，为学生提供更多的学习机会和支持。例如，学校可以通过在线平台提供各类职业技能培训课程和认证考试，方便学生自主学习和考试。这样的资源共享不仅提高了教育资源的利用效率，还为学生提供了更多的学习选择和发展机会。

“1+X”证书制度还通过校企合作，为不同背景的学生提供实习和就业机会。企业可以为学校提供实习岗位和项目指导，让学生在实际工作环境中积累经验，提升职业素养和就业能力。例如，一家 IT 公司可以与学校合作，提供网络管理实习岗位，让学生在实际工作中，学习和掌握网络管理的核心技能。这样的校企合作，不仅为学生提供了宝贵的实践机会，还确保了教育内容与行业需求的无缝对接，提高了学生的就业竞争力。通过职业资格认证的多样化和灵活性，“1+X”证书制度为学生提供了明确的职业发展路径和目标。学生可以根据自己的职业规划，选择相应的职业资格认证，逐步提升自己的专业技能和职业素养。例如，一名希望成为数据库管理员的学生，可以从基础的数据库课程开始，逐步学习并获得高级数据库管理认证。这样的职业发展路径，不仅帮助学生明确了学习目标和方向，还为他们提供了持续学习和发展的动力。例如，学校可以通过在线学习平台，提供丰富的学习资源和辅导服务，帮助学生解决学习中的问题和困惑；可以通过设立学习小组和讨论班，共同提高学习效果。教师可以通过多样化的教学方法和个性化的辅导，帮助不同背景的学生实现学习目标。例如，教师可以通过案例教学、项目导向教学等方法，提高教学的实践性和针对性；可以通过个性化的辅导和支持，帮助学习困难的学生克服学习障碍。这样的教学方法和辅导，不仅提高了教育质量，还增强了教育的公平性和包容性。

第四章 "1+X"证书制度下的计算机应用专业教学资源库建设

随着现代信息技术的日新月异，大部分教师在网络信息化技术环境下开展教学工作。建设中职学校计算机应用专业教学资源库可以实现教学信息资源的共享，培养学生利用信息技术学习的兴趣，促使学生对课程进行深入理解、掌握新时代前沿的信息技术知识及核心终端技术，提高教师教学质量；同时增强学生在网络环境下提出问题、分析问题及解决问题的能力，达成培养专业化、技能型人才的教学目的。

第一节 信息化教学资源的分类与特点

一、信息化教学资源的概念

随着教育事业的发展，教学资源建设已成为学习与教学活动中必不可少的组成部分，成为各个学校教学工作的重点之一，且日益受到教师们的关注。广义的教学资源是指在教与学的活动中进行服务的各种人和物，它既包括非生命的实物和信息，也包括具有能动性的有生命的人力资源，如教师的言语、动作表情、电视、EVD、图像等。狭义的教学资源是指在教与学的过程当中所使用的各种硬件媒体以及承载信息的各种软件媒体，如图书、投影仪、视频展台、VCD、录像机、教学挂图、教学模型、网络上的各种音频、视频、动画等。

通常认为，信息化教学资源属于信息资源的范畴，是从狭义上理解的一种特殊的教学资源，是一种经过合理选取、组织之后形成的有序化、有利于学习者自身发展的有用信息的集合。

信息化教学资源，主要指蕴涵了大量教育信息，在学与教的过程中通过使用者的使用能创造出一定教育价值，且以数字化形式存在并可在互联网上进行传输的信息资源。

二、信息化教学资源的分类

从信息技术的角度看，我们可以把信息化教学资源分为媒体素材类教学资源、集成型教学资源、网络课程教学资源三大类。

（一）媒体素材类教学资源

媒体素材类教学资源是教学信息传播的基本材料单元，可分为文字资源、图形/图像资源、音频资源、动画资源和视频资源五大类。

1. 文字资源

文字是进行信息交流的一种重要手段，它是通过一定的符号来表达信息的一种工具，其根本作用在于承载信息与传递信息。在日常生活中，文字随处可见，如报纸、杂志、书刊、网络上的各种文章等。在教与学的过程中，教科书、练习册等主要以文字进行信息传播。因在网络信息传播中使用文字时，不仅有字体字号大小、颜色的变化，而且还有新的拓展，因此一般用"文本"这个词来代表网络上的"文字"这个词。

2. 图形/图像资源

图形是教与学的过程中比较特殊的一种资源，因其较抽象，所以在传播中承载的信息量较少。图形有数据量小、不易失真的特点。因此，图形在多媒体教学和网络传播中应用较多。从最终的呈现来看，图形与静态图像没有太大区别。

图像也是一种较特殊的教学资源。在信息技术环境下所使用的图像，与报纸、杂志和电视使用的图像相比，有如下特点：

（1）信息量大。信息技术环境下所用的图片色彩丰富、层次感强，可以真实地重现生活环境（如照片），因此其承载的信息量较大。一般情况下，我们都是用数字技术把图片压缩并存储在服务器中，容量十分巨大。

（2）选择性强。静态图像非常逼真、生动、形象，可以提供较高质量的感知材料。图片多，传递的信息也多，受众在通过图片来获得信息时的选择余地就很大，受众可以根据自己的需要和爱好来挑选图片，将其保存到自己的计算机上，或者将图片打印出来，以后慢慢欣赏。

（3）受众可以对图片进行放大、缩小和编辑。报纸、杂志在刊登图片时，其大小是固定不变的，受众更不能对图片进行编辑。信息技术环境下所使用的图片受众可以点击将图片放大或缩小，也可以用专门的软件对其进行编辑和修改，如用 Photoshop 可将图片处理成油画效果、水彩画效果、浮雕效果等。显然，这是报纸杂志在使用图片时无法做到的。

3. 音频资源

音频就是声音，包括波形音频、CD-DA 音频和 MIDI 音频。波形音频是记录声音的最直接形式，对记录与播放的环境要求不高，因此在媒体教学软件中应用最多，缺点是数据量比较大。CD-DA 音频又称数字音频光盘，是高质量立体声的一个国际标准。MIDI 音频的播放需要借助解释器，因此对环境要求较高，但由于其数据量比较小，非常适合在呈现背景音乐的场合使用。

音频属于过程性信息，有利于限定和解释画面。音频在教学中如果应用得当的话，不仅能用于传递教学信息、调动学生积极使用听觉接受知识，还有利于集中学生学习的注意力、陶冶学生的情操、激发学生学习的潜力。

4. 动画资源

动画是通过连续播放一系列画面，给视觉造成连续变化的形式，是对事物运动、变化过程的模拟。它的基本原理与电影、电视一样，都是视觉原理。一般来说，用来传递信息的动画都需要借助专门的工具进行制作。这些动画，按动作的表现形式来区分，大致分为接近自然动作的"完善动画"和采用简化、夸张的"局限动画"；如果从空间的视觉效果上看，可分为平面动画和三维动画；从播放效果上看，可以分为顺序动画（连续动作）和交互式动画（反复动作）；从每秒播放的帧数来讲，还有全动画和半动画之分。

动画在制作过程中，忽略了事物运动、变化过程中的次要因素，突出强化了其本质要素。因此，有利于描述事物运动、变化过程。此外，经过创造设计的动画更加生动、有趣，有利于激发学习者的学习兴趣和积极性。

5. 视频资源

同动画相比，视频是对现实世界的真实记录。视频具有表现事物细节的能力，适宜呈现一些对学习者感觉较陌生的事物，它的信息量较大，具有更强的感染力。通常情况下，视频采用声像复合格式，即在呈现事物图像的时候，同时伴有解说效果或背景音乐。当然，视频在呈现丰富色彩的画面的同时，也可能传递大量的无关信息，如果不加鉴别，便会成为学生学习的干扰因素。

（二）集成型教学资源

集成型教学资源一般根据特定的教学目的和应用目的集合而成，是一种将多媒体素材和资源进行有效组织的"复合型"资源。按照这些资源的实际应用形态，又可以将其分为课件与网络课件、案例、操作与练习型、虚拟实验型、微世界、教育游戏类、电子期刊类、教学模拟类、教育专题网站、研究性学习专题、问题解答型、信息检索型、练习测试型、认知工具类和探究性学习对象等。

下面就常用的集成型教学资源进行简单介绍：

第一，试题库：试题库是按照一定的教育测量理论，在计算机系统中实现的某个学科题目的集合，是在数学模型基础上建立起来的教育测量工具。

第二，试卷：试卷是用于进行多种类型测试的典型成套试题。

第三，课件与网络课件：课件与网络课件是对一个或几个知识点实施相对完整教学的用于教育、教学的软件，根据运行平台划分，可分为网络版和单机版运行的课件，网络版的课件需要能在标准浏览器中运行，并且能通过网络教学环境被大家共享。单机版运行的课件通过网络下载后在本地计算机上运行。

第四，案例：案例是指由各种媒体元素组合表现的有现实指导意义和教学意义的代表性事件或现象。

第五，文献资料：文献资料是指有关教育方面的政策、法规、条例、规章制度，对重大事件的记录、重要文章、书籍等。

第六，常见问题解答：常见问题解答是针对某一具体领域最常出现的问题给出全面的解答。

第七，资源目录索引：列出某一领域中相关的网络资源地址链接和非网络资源的索引。

（三）网络课程教学资源

网络课程指通过网络表现的、某门学科的教学内容及实施的教学活动的总和，它包括两个组成部分，即按一定的教学目标、教学策略组织起来的教学内容和网络教学支撑环境。其中网络教学支撑环境特指支持网络教学的软件工具、教学资源以及在网络教学平台上实施的教学活动。网络课程顺应人们需要终身学习的趋势，给人们随时获取新知识提供了便利和强有力的支持。

三、信息化教学资源的特点

传统的教学资源易受环境、条件的限制，如书本、报纸、杂志等时间长了易发黄；录像带或录音带上的内容，时间长了会因环境过于干燥而磁粉脱落，或因环境过于潮湿而发生粘贴等。随着信息技术的发展，现代信息技术环境下的教学资源，改善了传统教学资源的不足，尤其是在网络技术高度发展的今天，信息化教学资源具有以下特点。

（一）存储与传播的数字化

数字化是计算机数据处理和网络传播的本质特性。当今世界，各行各业的信息处理趋于数字化，由计算机和计算机网络构成的信息处理系统和信息传输系统已将世界的各个角落连为一个"村落"，在这个世界中，人们在信息处理、加工、传输等方面，都是以数字化方式进行的。正如构成物质世界的基本单元是原子一样，计算机处理的数据是以 0 和 1 两种状态存在的比特，构成网络信息世界的基本单元也是以 0 和 1 两种状态存在的。无论是形式多样的图像，还是悦耳动听的声音，归根到底都是通过 0 和 1 这两个数字信号的不同排列组合来表达。这使得信息第一次不仅在内容上，而且在形式上获得了同一性。

（二）教学资源的丰富性

网络空间无限，通过网络可传送多种媒体教学信息，如文字、声音、视频、动画等，这不但打破了传统教育中单一的教学信息局面，而且极大地丰富了教学资源的种类，满足了不同层次学习者对学习的需求。同时，网络在信息传送方面非常迅速、快捷，这使得其能够快而新，并且丰富地反映当今科技的教学内容，不拘泥一地一校一专业的范围，可以通过模拟图书馆或教学资料库的形式，收集大量相关的专业知识资料，反映学科最新的发展动态，提供同一学科不同的教学内容。学习者可以及时获得适合自己的教学资源，如最新的教学大纲与构思、教学资料、网络教程、各种教学软件、各种参考文献、全国各地教育管理部门的各种教育政策和措施、研究项目、网络期刊、各种印刷物、各种动态信息（如新闻、会议通知、消息）等。

（三）教学资源的开放性

网络的飞速发展，使得硕大的地球变为地球村。因此，中职学校教学资源也具有了前所未有的开放性，教学资源的开放性主要表现为，教学资源完全打破了传统的或者说物理上的空间概念。从北京到上海与从北京到纽约的距离，在网络上是一样的，真实的地理隔离不存在了，国界等限制也不存在了，网络上的教学资源可以随用随取。

（四）教学资源的可扩展性

传统的教学资源可加工性、处理性较弱，且不易推广应用，如教学挂图、教学模具等，很难进行再加工。信息化时代完全打破了传统教学资源的这种弊端，使得教学资源具有较大的可扩展性，学习者可在现有资源的基础上进行横向扩展和纵向的精加工，以满足不同学习者或同一学习者不同时期的学习需要。

（五）教学资源的再生性

信息时代是一个富有创造性的时代。信息时代的教学资源可以在学习者的积极参与下，通过学习者利用信息技术对知识的整合、再创造来实现教学资源的再加工、再创造，从而丰富其内容。

（六）教学资源使用的灵活性

计算机网络打破了传统教学资源在使用时的时空瓶颈，学习者在学习时可以自由选择课程、教师、学习进度和学习时间，可以从网上查询自己想学的课程和资料。学习者在网上学习既可以是实时的，即异地教师、学习者在同一时间进行教学活动；也可以是非实时的，即教师预先将教学内容及要求存放在服务器中，学习者根据自己的时间安排，在网上下载进行学习。只要有计算机、电话线及调制解调器的地方，都是学习的场所。同时学习者还可以通过网络向教师提出问题、和其他学生进行讨论。

（七）师生在学习活动中的交互性

传统教学中，师生虽可进行同步交流活动，但受到时间、地点的限制。信息技术环境下，网络资源一改以往书籍、报刊等印刷品以及广播电视等电子信息的单向传递方式，也不同于电话必须同步的双向交流方式，利用网络工具进行教与学，打破了时空的界限，学生可以用同步或不同步的方式进行学习，教师与学生、学生与学生之间可以进行双向和多向信息交流，双方可以采用文字、声音、视频等媒体进行信息的交流。

第二节 信息化教学资源的检索与获取

一、信息化教学资源的获取途径

信息化教学资源的来源主要有三个途径：一是将现有的教学资源进行数字化改造；二是师生创作的电子作品；三是由专业人员开发建设的教学资源。

（一）将现有的教学资源进行数字化改造

目前已有大量的媒体素材，但不同媒体素材的表现方式不同，特性也不一样，为了能将这些资源存储于教学资源库进行合理的应用，对它们的处理方式也不一样。

1. 文本素材类

如果是传统的文本素材，我们可以通过直接录入、利用 OCR（Optical Character Recognition，光学字符识别）技术输入、语音识别、手写识别录入等方式将其转换为数字化素材，然后将其录入教学资源库进行存储。对于数字化文本，我们只需将它进行简单的加工处理，将其录入教学资源库即可。

2. 图形 / 图像类素材

对于传统的图形 / 图像类素材，我们可以通过扫描仪、数码照相机等将其转换为数字图形、图像素材，然后借助相关的图形、图像处理软件进行处理，再将其存储于教学资源库中。需要计算机抓图（即截图）的可以通过一些抓图软件进行抓取，如红蜻蜓抓图精灵、Easy Capture 等软件。

3. 音频素材

对于模拟音频，我们可以通过播放转录的方式将其数字化，或者通过相关的音频采集设备进行采集转换之后将其数字化，再转存至教学资源库。

4. 视频素材

已有的视频素材，如果是数字化的素材，可将其直接存入教学资源库；如果是非数字化的，可以通过视频采集设备将其转换成数字资源，再存入教学资源库。

（二）师生创作的电子作品

师生创作的电子作品，内容丰富，可以是教学课件、图形、图像、音频、视频等，这些作品如果是非数字化的，则按照前述方法进行转换存储；如果是数字化的，将其直接存入教学资源库。

（三）专业人员开发建设的教学资源

由专业人员开发建设的资源是数字化教学资源的主要来源，它的开发和建设步骤如下：第一，搜集各种形式的媒体素材，对素材进行分类与描述；第二，将各种零散的素材收集成完整的教学资源单元；第三，对资源内容进行标引；第四，进行质量检查；第五，当资源制作完成后，需要将全部数字化文件归档，存入资源库。

自建资源库中的教育资源主要来源于因特网、各类教育光盘、电教资料和教育软件、教师积累软件资料等几个方面。

（1）网上众多的教育网站是自建资源库重要的资料来源。尤其是一些有同步教学资源且资料优质的网站，如中央电化教育馆、国家中小学智慧教育平台等。

（2）各类教育光盘是由各出版社出版的正式电子出版物，如教育论文、多媒体课件等，不但品种较多，而且比较权威。各学科教学参考书附带的教学观摩光盘和教学课件光盘，都是教师和学校不可忽视与难得的资料，可以选择一些适合学校实际情况的教育光盘，将其中的资源导入资源库。

（3）每所学校都积累了大量的电教资料，如教学示教录像片、教学录音带和各种扩展学习的音像资料等。平时受学习场地和时间的限制，这些音像资料的利用率是比较低的，现在可以将这些音像资料转制成数字文件加入资源库中，教师通过校园网就可以随时地调用这些教学资料供教学使用，学生也可以在个性化的学习中随时使用这些音像资源。

（4）教育软件主要有两大类，辅助教学软件和教学管理软件，可以将其中的一些资料性软件可以导入资源库。

（5）由学科老师协作开发的教育资源。教学资源库的建设必须由全体教师共同完成。通常学科教师是这类资源建设的主力军，他们经过教育技术理论与技术培训，掌握计算机操作技能，再结合丰富的学科教学经验，可以制作出教学所需的各类课件。

二、网络教学资源的检索

互联网上的信息资源广泛地分布在整个网络中，没有统一的组织管理机构，也没有统一的目录，更没有统一的分类标准。下面我们从万维网（World Wide Web，WWW）和非万维网两种类型的信息资源的角度来探讨网络信息资源的检索。

（一）万维网信息资源的检索

万维网信息主要以万维网站点（Web）上的资源为主。万维网检索工具常被称为搜索引擎。

1. 搜索引擎的概念

互联网的迅速发展，使得网上信息以爆炸性的速度不断丰富和扩展，然而这些信息却散布在无数的服务器上，就像散乱在海滩上的珍珠没有被“串”起来，使人们难以收集甚至无法发现它们。如果试图对计算机上所有的信息进行一番详尽的考察，无异于痴人说梦。所以目前面临的一个突出问题是如何在上百万个网站中快速有效地找到想要得到的信息。

搜索引擎正是为解决用户的查询问题而出现的。如果说互联网上的信息浩如烟海，那么搜索引擎就是海洋中的导航灯。只有通过搜索引擎的查询结果，用户才会知道信息所处的地点，才能去该网站获得详细资料。

2. 搜索引擎的主要作用及工作过程

搜索引擎是互联网上的一个系统，它的主要任务是在互联网上搜索Web服务器信息并将其自动索引，其索引内容存储于可供查询的大型数据库中。当用户输入关键字查询时，该网站会告诉用户包含该关键字信息的所有网址，并提供通向该网站的链接。

对于各种搜索引擎，它们的工作过程基本一样，包括以下三个方面：

（1）“网页搜索程序”负责在网上搜寻所有信息，并将它们带回搜索引擎，每个搜索引擎都使用绰号为“蜘蛛”或“机器人”的网页搜索软件在各网址中爬行，访问网络中公开区域的每一个站点并记录其网址，从而创建出一个详尽的网络目录。各搜索引擎工作的最初步骤大致都是如此。

（2）将信息进行分类整理，建立搜索引擎数据库。在进行信息分类整理阶段，不同的系统会在搜索结果的数量和质量上产生明显的不同。有的系统是把“网页搜索软件”发往每一个站点，记录下每一页的所有文本内容；其他系统则首先分析数据库中的地址，以判别哪些站点最受欢迎（一般都是通过测定该站点的链接数量），然后再用软件记录这些站点的信息。记录的信息包括从超文本标记语言（Hypertext Markup Language，HTML）标题到整个站点所有文本内容以及经过算法处理后的摘要。当然，最重要的是数据库的内容必须经常更新和重建，以保持与信息世界的同步发展。

（3）通过Web服务器端软件，为用户提供浏览器界面下的信息查询。每个搜索引擎都提供了一个良好的界面，并具有帮助功能。用户只要把想要查找的关键字或短语输入查询栏中，并单击Search按钮（或其他类似的按钮），搜索引擎就会根据用户输入的提问，在索引中查找相应的词语，并进行必要的逻辑运算，最后给出查询的命中结果（均为超文本链形式）用户只需点击前往搜索引擎提供的链接，马上就可以访问到相关信息。有些搜索引擎对搜索的范围进行了分类，查找可以在用户指定的类别中进行，这样可以提高查询效率，搜索结果的“命中率”较高，从而节省了搜寻时间。

3. 优秀搜索引擎的特点

目前各种各样的中西文搜索引擎有十几种或更多，比较著名的搜索引擎有百度、Yahoo、Excite、Infoseek、Lycos、AltaVista等。每个搜索引擎都有其各自的特点，有的以查询速度快见长，有的以数据库容量大占优，但总而言之，一个优秀的搜索引擎应具有以下几个特点：

（1）支持全文检索。全文搜索引擎的优点是查询全面而充分，用户能够对各网站的每篇文章中的每个词进行搜索。当全文搜索引擎遇到一个网站时，会将该网站上所有的文章（网页）全部获取下来，并收入引擎的数据库中。只要用户输入查询的“关键字”在引擎库的某篇文章中出现过，则这篇文章就会作为匹配结果返回给用户。从这点上看，全文搜索真正提供了用户对互联网上所有信息资源进行检索的手段，给用户最全面最广泛的搜索结果。全文搜索的缺点是提供的信息虽然多而全，但由于没有分类式搜索引擎那样清晰的层次结构，有时给人一种繁多而杂乱的感觉。

（2）支持目录式分类结构（Directory）。分类搜索引擎的优点是将信息系统地分门归类，当遇到一个网站时，它并不像全文搜索引擎那样，将网站上的所有文章和信息都收录进去，而是首先将该网站划分到某个分类下，再记录一些摘要信息（Abstract），对该网站进行概述性的简要介绍。最具代表性的目录式分类搜索引擎是Yahoo网站。分类搜索引擎可以使用户清晰方便地查找到某一大类信息，这符合传统的信息查找方式，尤其适合那些"希望了解某一方面或范围内信息，并不严格限于查询关键字"的用户。但目录式搜索引擎的搜索范围较全文搜索引擎要小许多，尤其是当用户选择类型不当时，这样有可能遗漏某些重要的信息源。

（3）能够区分搜索结果的相关性（Pertinency）。搜索引擎应该能够找到与搜索要求相对应的站点，并按其相关程度将搜索结果排序。这里的相关程度是指搜索关键字在文档中出现的幅度，最高为1。当频度越高时，则认为该文档的相关程度越高。但目前的搜索引擎还不完全智能，除非你知道要查找的文档标题，否则排列第一的结果未必是"最好"的。所以有些文档尽管相关程度高，但并不一定是用户更需要的文档。

（4）检索方法多样、查找手段完备。有些性能完善的搜索引擎不仅能检索互联网上的文献，还能查找公司和个人的信息；不仅能检索Web页面，还提供对新闻组内文章的查找服务；不仅能输入单词、词组或句子进行检索，还能指定多个单词之间的逻辑组配及其位置关系；不仅能以词语查询有关主题的页面信息，也能以特定的域名、主机名、统一资源定位符（Uniform Resource Locator，URL）查找有关信息。此外，还可以对被检索文献发表的语种、日期等进行限制。

（5）其他性能。一个优秀的搜索引擎产品还必须查询速度快，具有较好的可维护、可更新性能。系统必须稳定可靠，具有完整的容错、备份、崩溃修复机制，系统即使出错，也可以得到迅速的恢复。如果作为商业投资，希望以尽量少的投资和较高的性能营运一个搜索引擎，性价比也是重要的影响因素。

4. 搜索引擎的语法规则

搜索引擎一般通过搜索关键词来完成自己的搜索过程，即输入一些简单的关键词来查找包含此关键词的文章或网址。这是使用搜索引擎最简单的查询方法，但返回结果并不是每次都令人满意。如果想要得到最佳的搜索效果，就要使用搜索的基本语法来组织要搜索的条件。

（1）使用逻辑运算符。搜索引擎中常用的逻辑运算符是AND、OR和NOT。AND表示逻辑"与"。AND运算符用于搜索包括两个以上关键词的情况，可以帮助改善并限制搜索结果。例如，"计算机 AND 设计"，则查询出既包含"计算机"也包含"设计"的文档。OR 表示逻辑"或"，OR 运算符与 AND 运算符相反，OR 寻找用 OR 连接的几个关键词中至少包含一个的文档。当使用 OR 运算符时，通常返回大量的结果。例如，"图形 or 图像"，则查询结果为或者包含"图形"或者包含"图像"的文档。NOT 表示逻辑"非"。使用 NOT 寻找包含 NOT 前的关键词但排除 NOT 后的关键词的文档。例如，"新闻 not 经济"，则查询结果为包含"新闻"但排除其中有"经济"这个词语的文档。

组合逻辑运算符时，还应当考虑它们的顺序规则。因为逻辑操作符优先级不同，执行时便有一定的顺序，"与"和"非"命令通常在"或"命令前执行。

（2）使用"十、一"连接号和通配符。如果要求特定单词包含在索引的文档中，可以在它前面加一个"+"号，并且在 + 号和单词之间不能有空格。

排除的单词：如果要排除含有特定单词的文档，可以在它前面加一个"–"号，例如，想查找联想的计算机产品而不含有"天琴"系列，应这样写"+ 联想 – 天琴"。

通配符：进行简单查找的时候，可以在单词的末尾加一个通配符来代替任意的字母组合。通配符一般为"*"号，如 Compu* 可以代表 Computer、Compulsion 等，星号不能用在单词的开始或中间。

（3）NEAR 操作符。有些搜索引擎提供了 <NEAR> 操作符，它用于寻找在一定区域范围内同时出现的检索单词的文档。但这些单词可能并不相邻，间隔越小的排列位置越靠前。其彼此间距控制是：<near>/n，n 为数值，意为检索单词的间距最大不超过 n 个单词。例如："computer NEAR/100game"，即查找 computer 和 game 的间隔不大于 100 个单词的文档。

（4）使用逗号、括号或引号进行词组查找。逗号的作用类似于 OR，也是寻找那些至少包含一个指定关键词的文档。不同的是"越多越好"是它的原则。因此查询时找到的关键词越多，文档排列的位置越靠前。

括号的作用和数学中的括号相似，可以用来使括号中的操作符先起作用。例如，输入"（网址 or 网站）and（搜索 or 查询）"，则实际查询时关键词就是"网址搜索""网址查询"，或者是"网站搜索""网站查询"。

使用引号组合关键词，可以告知搜索引擎将关键词或关键词的组合作为一个字符串在其数据库中进行搜索。例如，要查找关于电子杂志方面的信息，可以输入"elec-tronicmagazine"，这样就把"electronicmagazine"作为一个短语来搜索。相反，如果不加双引号，搜索引擎就会查出包含 electronic（电子）及 magazine（杂志）的网页，会严重偏离主题。

（5）不要滥用空格。在输入汉字作为关键词的时候，不要在汉字后追加不必要的空格，因为空格将被认作特殊操作符，其作用与 AND 一样，如果你输入了关键词"飞机"，那么它不会被当作一个完整词"飞机"去查询，由于中间有空格，会被认为是需要查出所有同时包含"飞""机"两个字的文档，这个范围就要比"飞机"作关键词的查询结果大多了，更重要的是它偏离了本来的含义，所以关键词输入应为"飞机"。

以上是使用各种搜索引擎的基本语法，但也有例外，具体可参考每个搜索引擎的在线帮助。

（二）非万维网信息资源的检索

非万维网信息资源包括：文件传输协议（File Transfer Protocol，FTP）资源、新闻组（Usenet/Newsgroup）、电子邮件群（LISTSERV）、用户邮件组（Mailinglist）、Telnet资源、Gopher资源、广域信息服务系统（Wide Area Information Server，WAIS）资源。

1. 查询FTP文件的检索工具

FTP是互联网使用的文件传输协议，主要用于传送程序软件和多媒体信息，它采用万维网作为用户界面，运作以大容量和高速度为特点，是获取免费软件和共享软件资源必不可少的工具。FTP有两种不同的工作方式，一种是在互联网任意两个账户之间传送文件，这要求知道两个账户的口令；另一种是匿名FTP，匿名FTP网点允许任何人连入此系统并下载文件，在匿名FTP中包含了庞大的有用信息，从中可以找到研究论文、免费软件、会议记录及其他信息。但信息定位较困难，可用专门的检索工具帮助定位，如ArchiePlex、Filezilla等。

2. 查询USENET的检索工具

新闻组（USENET）由成千上万个兴趣小组（Newsgroup）组成，每个兴趣小组每天来往信息的总量可多达上百条至上千条，如此多的信息汇集在一起，构成一个巨大的信息库。因此，相当一部分综合型检索工具（例如AltaVista和Infoseek）都把USENET信息纳入了自己的收录范围，人们在使用时只需在预先设置好的检索范围内加以选择即可。用于检索新闻组的专门检索工具有DejaNews、Tile.net等。

3. 查询邮件群（LISTSERV）和邮件列表（Mailinglist）的检索工具

虽然邮件群（LISTSERV）和邮件列表（Mailinglist）的规模都不如USENET大，但它们日积月累的信息也非常可观，具有很大的参考价值。专用的检索工具有Liszt、L-Soft等。

4. 查询Telnet的检索工具

Telnet信息资源是指借助远程登录（Remote Login），在网络通信协议（Telecommunication Network Protocol）的支持下，登录远程计算机，可以访问、共享远程系统中对外开放的资源。Telnet系统虽然已呈逐步被万维网系统所取代的趋势，但作为网络信息资源一个历史悠久的部分，仍具有了解和使用的意义，特别是在许多公共性质的信息检索系统中，如图书馆系统等。Telnet的主要检索工具是Hytelnet。

5. 查询 Gopher 的检索工具

Gopher 是一种简单的网络服务，它提供给网络丰富的信息，允许用户以一种简单、一致的方式快速找到并访问所需的网络资源。查询 Gopher 资源可用 Jughead 等。

6. 查询 WAIS 的检索工具

WAIS 是一个分布式信息检索系统，可检索 500 多个索引数据库，涉及的内容范围极大，适合检索文本文件、阅读世界各地的报纸、扫描各种专业数据库。查询 Internet 的 WAIS 资源可用 WAIS Search Directory 等。

（三）网络信息检索策略

信息检索策略，是为实现检索目标所制定的对检索全过程具有指导作用的整体计划、方案和安排，其中包括提问式分析、检索词及其关系的确定、检索步骤安排等。检索策略对整个检索过程会产生重要影响，并直接决定检索效率和检索质量。无论是普通用户还是专业用户，掌握并运用网络信息检索策略，将花费最少的时间、精力、金钱，获取最有用的信息。网络信息检索策略的制定方法如下。

1. 确定检索目标

网络信息的查询应该具有明确的查询目的和对象，目的不同、查询对象不同，往往需要选择不同的检索工具和检索方法。只有更多地分析并了解检索对象、明确检索目标，才能更好地确定所需信息的类型、学科范围、内容特征、查询方式、查询范围、查询时间及采用何种限制条件、使用何种检索提问式等。

2. 选择检索途径

通过对检索对象的分析可以获得明确的检索目标，就可以选择以下一种或综合使用几种检索途径来获取所需信息。

（1）直接访问相关站点：在平时上网的过程中注意收集一些专业性网站的网址，在需要时直接进入网站查询。

（2）使用网络资源指南（Resource Guide）：网络资源指南基于专业人员对网络信息资源的产生、传递与利用机制的了解，还基于对网络信息资源分布状况的熟悉以及对各种网络信息资源的采集、组织、评价、过滤、控制和检索等手段的全面把握，从此开发出的可供浏览和检索的网络资源主题指南。综合性的主题分类树体系的网络资源指南，如 Yahoo 等是广为人知的，还有 The WWW Virtual Library，The Argus Clearing house 等都具有广泛影响，并受到普遍欢迎。而专业性的网络资源指南就更多了，几乎每一个学科专业、重要课题、研究领域的网络资源指南都可在互联网上找到。

（3）使用搜索引擎：是较为常规、普遍的网络信息检索方法。为用户提供的关键词、词组或自然语言检索，根据用户提出的检索要求，搜索引擎代替用户在数据库中进行检索，并将检索结果提供给用户。

利用搜索引擎检索的优点是省时省力、简单方便、检索速度快、范围广、能及时获取新增信息。其缺点在于搜索引擎采用计算机软件自动进行信息加工、处理且检索的智能性不是很高，造成检索的准确性不理想。

（4）使用非万维网检索工具：对同一查询目标，尽量选择多种检索工具从不同的角度去检索。如用北大的"天网搜索"直接进行"FTP 文件搜索"。

（5）使用光盘数据库检索和国际连机检索：光盘数据库国内的有《中国学术期刊（光盘版）》《万方数据库》《人大复印资料系列光盘数据库》等，可供查找较专业性的资料。国际联机检索系统 DIALOG，无论数据量还是使用频率均居世界各检索系统的首位，其检索软件成熟、学科范围广、数据质量可靠且权威性高。对专业信息的查询使用光盘数据库和国际连机检索可以获得较为准确而且全面的信息。

3. 运用检索技巧

无论使用搜索引擎还是非万维网检索工具进行信息检索，运用一定的检索技巧是非常必要的。

（1）选择合适的检索词有利于提高检索的精确度、准确性，如选专指词、特定概念或非常用词等。

（2）构造恰当的检索提问式，如使用布尔逻辑运算中的 AND、OR、NOT 或使用双引号将需要检索的词组或短语标出。

（3）使用加权检索限制必须出现的检索词和必须不出现的检索词；利用同义词、近义词进行扩检；就同一检索提问式访问多个数据库。

（4）概念查询使用 Excite；细节查询或强调获取较为具体、特定的信息时，使用 AltaVista 等索引性较强的检索工具。

（5）中文信息检索使用中文搜索引擎。如天网搜索侧重于学术信息；中经网导航是较系统全面的经济、法规搜索引擎；中国网友 Chinapartner 提供中文、经济娱乐方面的导航等。这些都是较实用的中文信息检索工具。

（6）尽量使查询条件具体化，根据需要选择网页搜索、网站搜索等。

（7）寻求网上帮助。使用 BBS 电子公告牌、E-mail、QQ，或者访问专门回答问题的网站。

（8）关闭 Internet Explore 高级属性中的多媒体选项，采用纯文本传输以提高网络传输速度等。

第三节 信息化教学资源库的建设原则

一、信息化教学资源库概述

教学资源库概念的提出至今已经发展了很多年。1998 年，教育部制定《面向 21 世纪教育振兴行动计划》，提出要重点建设全国远程教学资源库和若干个教育软件开发生产基地，自此揭开了我国教学资源库建设的序幕。2000 年，我国校园网建设掀起热潮，资源库建设被正式纳入议事日程。随着我国远程教育的迅速发展，许多企业意识到了资源库建设所带来的巨大市场潜力，纷纷参与到资源库建设中来。然而最初的教学资源库只是将多媒体课件中包含的内容进行简单的资源组合，由于未按严格的标准对资源库中的资源进行筛选和控制，使得资源库中的资源质量低，未能达到预期的使用效果。自 2000 年 5 月教育部现代远程教育资源建设委员会颁布《现代远程教育资源建设技术规范》后，建设者才开始按照国家标准进行标准化教学资源库建设。之后一些开发者又提出将计算机智能、数据挖掘等信息技术手段融入资源库的开发中，创建出具有知识管理功能的教学资源库。

目前，教学资源库开发的重点从最初的内容开发转移到了资源平台开发，以资源管理平台和资源应用平台两方面内容为主。在技术标准上也开始逐步与国家资源建设标准接轨，采用与国家资源技术标准统一的数据结构，同时也使用一些先进的开发技术，增强了新产品的兼容性和先进性。

信息化教学资源库的建设有四个层次的含义：第一层是素材类教学资源建设，主要包括媒体素材、试题、试卷、文献资料、课件与网络课件、案例、常见问题解答和资源目录索引；第二层是网络课程建设；第三层是资源建设的评价；第四层是教育资源管理系统的开发。在这四个层次中，网络课程和素材类教学资源建设是基础和核心，第三层是对教学资源的评价和筛选，第四层是工具的建设。

纵观教学资源库的发展历程，我们可以看出，教学资源库的发展具有以下特点。

（一）资源库建库理念以服务为中心

教学资源库建设的最终目的是服务于教学，树立以“服务”为中心的开发理念，将是教学资源库的一大特征。当前网络教育中存在着种种弊端，因此人们对“服务”意识的呼声越来越高。资源库开发作为开展网络教育的基础，应不断加强这种意识。

（二）资源库建设越来越趋于智能化

分散零乱的资源给人们带来的是诸多的不便，这些不便不仅是对使用者的不便，同样表现在管理者的不便。目前，人们对资源库的依赖程度还不太高，但随着对资源库认识不断深化，人们对资源库的依赖程度不断增强，势必对资源库的开发提出更高的要求。只有把一些智能化的技术融入资源库开发中，才能满足用户不断增长的需求。智能化的教学资源库将为人们提供更加高效、方便、个性化的服务。

（三）资源库建设更加系统化、标准化和规范化

现有的教学资源库建设规范与标准的推广、试用将极大地促进资源库开发的系统化、规范化和科学化。按照相同的标准开发建设的资源库系统遵照相同的定义和准则，所以能够更方便地实现数据资源交换与共享，有效地解决资源库扩展问题。

（四）资源库建设趋于协作式开发

与用户需求脱节是现有资源库存在的一个普遍问题。为使所开发的教学资源库得到更广泛用户的接受，与用户协同开发无疑是一种非常有效的解决方式。通过网上交流平台，开发者可以适时了解用户的需求，而一些具有丰富教学经验的教师用户也可以通过资源发布平台将自己的资源方直接发布到网上，这对教学资源库的内容将是很好的扩充。

（五）资源库建设更加普及化、特色化

信息时代，我国各级各类学校的教学方式和学习方式发生了很大的变化，特别是数字化教学资源已得到了越来越多的应用，开发更多的教学资源库将是未来教学和学习所必需的。因此，教学资源库开发的普及化将是形势所趋。与此同时，应将信息技术教育融入资源库应用中，以提高用户的信息技术能力，使教师能顺利使用各种技术工具对一些有用、好用的教学素材进行创造性、个性化和智能化的组合，设计出大量富于创意的多媒体教学资源。

二、信息化教学资源库建设的意义

信息化教学资源库建设是一项功在当代、利在千秋的好事。正确认识信息化教学资源库建设的意义将有助于信息化教学资源库的开发建设。信息化教学资源库建设的意义主要体现在以下几个方面。

（一）信息化教学资源库建设是教育信息化的重要组成部分

教育信息化是指在教育过程中，较全面地应用以计算机多媒体和网络通信为基础的现代化信息技术，促进教育的全面改革，使之适应正在到来的信息化社会对教育发展的新要求。教育信息化建设是一个关系到整个教育改革和教育现代化的系统工程，它包括信息化的基础设施及硬件环境建设，教育、教学资源库建设，信息化人才培养和培训以及信息化政策、法规和标准制定。其中，教学资源库建设是教育信息化的基础，教学资源库的建设质量在很大程度上决定了信息技术与各学科教学相整合的水平，即教育信息化的水平。

（二）信息化教学资源库建设促进了教育观念的更新

信息化教学资源库建设能为学生提供网状的信息环境和丰富生动的多媒体世界，打破了学生传统思维的线性逻辑，促进了非线性思维观。信息化教学资源的网络化提供了多样化学习和跨学科、跨文化的交流，促进了开放式学习观。丰富的教学资源使学生接受知识的范围大大拓宽，改变了人们接受教育的形式，促进了自我教育观的形成。信息化教学资源网络可以成为人们终身学习的课堂，促进终身教育观的发展。

（三）信息化教学资源库建设促进了教学模式的重塑

教学模式是指在一定的教育思想和理论指导下，在某种环境中展开的教学活动进程的稳定结构形式。信息化教学资源库的发展使适用于网络环境的教学模式不断应用于教与学，如网络化协作学习模式、探索式学习模式等，而且应用信息化教学资源重新设计教学过程，为真正实现"教为主导，学为主体"的教学过程创造了客观条件。

三、信息化教学资源库建设的原则

教学资源库建设必须符合基础教育改革与发展的总体规划，必须服务于素质教育的整体目标，必须全面支持信息技术与课程整合。为实现这样的目标，教学资源库的建设必须要对资源库建设的目的性、科学性、先进性和知识服务的完备性等进行深入考虑。

（一）教学性原则

教学资源库的建设是为教师的教与学习者的学服务，因此资源库建设首先应考虑的就是其目的性问题，即资源库建设的教学性问题。

教学资源库建设的根本目标是推进教育改革，使教育符合现代社会发展的需求，提高教育教学质量。为此，在建设资源库时，要根据教学设计对各种资源进行选择、处理，强调"质"，使资源有用、适用，还要"瘦身"。同时，必须支持创造性教学和探究性学习，建构生动科学、多向互动的教与学环境，把教师从繁重的重复性劳动中解放出来，把学生从灌输式教育和题海中拯救出来，充分激发教师和学生两个主体的创造性。

（二）科学性原则

教学资源库建设必须具有科学性，无论是引导学生学习自然科学或人文科学，还是掌握如何学习的科学方法，培养自主探究和创新的能力都离不开"科学"两个字。教学资源库的建设，要在允许误差的范围内准确地表述知识的内容。这是教学资源与一般娱乐性、游戏性资源的重要区别。

教学资源库建设应能正确反映科学知识原理和现代科学技术，并做到"生动活泼、喜闻乐见的形式与科学、健康内容的统一"，克服以往不少教学中仅仅"一张嘴、一支笔"的弊端，摒弃缺乏科学性的那些资源。

（三）先进性原则

首先是教育理念上的先进性，因为除了知识的科学性之外，教学逻辑模型是否符合教学规律、是否符合学生的认识规律，也有科学性的问题。

其次是理论上的先进性，以颠覆性创新理论作为指导，站在时代的高度，以时代的眼光开发建设时代化的教学资源，要力求立意新颖，构思独特，设计巧妙，要与时俱进，不墨守成规。

最后是教学技术上的先进性，教师运用现代教学技术获取最新最前沿的知识技能，面向学生进行讲授，而学生运用网络自主通过慕课、微课获取感兴趣的最新知识。这不仅使学生的专业知识技能不断革新，也促使教师在教学中不断提高自己，有效提高教师的综合素质。

（四）发展性原则

主要从两个层面对发展性原则进行考量，一是现代教学技术随着科技发展的更新换代，二是学生个人能力的发展。因此，高职院校教师在运用现代教学技术教学时，首先应将学生的现有水平、能力放在第一位，但并不仅仅局限于现有的知识与能力，更应该考虑学生长远的发展方向，注意培养学生终身学习的能力。

（五）共享性原则

共享性原则能够提高现代教学的效率，增强学生的团队意识。教学资源的共享一方面能够促进现代教学资源的共享，以实现教学效果的最大化，另一方面能够使学生在学习中形成探讨的学习氛围，遇到问题不是一味地等待老师解决，而是用讨论的形式共同解决学习中遇到的难题。所以教师在寻找到适合的教学资源后，将资源发送给学生，实现资源共享，最大化地实现资源利用效果，同时也促进了团队意识的形成，带来双赢。

第四节 信息化教学资源库的建设标准

一、教学资源库的要求标准

根据中职学科的特点，素材资料库是以知识点为基础的，按一定检索和分类规则组织的素材资料，包括图形、表格、文字、声音、动画、视频、应用软件和虚拟实习室等多维信息的集合。从公开发行的素材库光盘和 Internet 教育资源站点中，筛选、整理出教学中需要的素材，直接将他们收集到素材资源库。还通过一些软件处理，把现成的教学软件、数字视频等光盘材料中有用的部分，还原成可以再使用的独立积件，收集到素材资源库。具体做法如下。

（一）媒体素材的要求

1. 文本素材要求

由于汉字采用的是 GB 码统一编码和存储，英文字母和符号使用 ASCII 编码和存储，存储格式一般为 TXT、DOC、WPS、HTM、PDF 等。书本文字的数字化，我们主要通过 OCR 实现，把教学中要用到的一些文字背景资料输入电脑，保存成 HTML 格式，方便在网上传输。

2. 图形 / 图像的要求

彩色图像的颜色数不少于 256 色，扫描分辨率不低于 72 dpi 图片的数字化，我们使用扫描仪、数码相机，将图片资料转换成计算机存储的图像文件，并转换成 jpg 或 gif 格式，使文件变小，易于存储和传送。

3. 音频素材的要求

数字化音频的采集频率不低于 11 kHz，量化位数大于 8 声道数为双声道，存储格式为 WAV、MP3、MIDI 或流式音频格式，数字化音频以 WAV 格式为主，用于欣赏的音乐为 MP3，MIDI 设备录制的音乐使用 MIDI 格式，语音采用标准的普通话配音，英语使用标准的美式或英式英语配音，音频播放流畅。

4. 视频素材的要求

主要格式有 AVI 格式、QuickTime 格式、MPEG 格式和 FLV 流式媒体格式。在网上实时传输供实时教学使用的视频类素材使用流式媒体格式（rm、wm、asf）。

5. 动画素材的要求

存储格式一般为 gif 格式和 Flash 格式、AVI 动画格式。

（二）试题库要求

试题库可以和远程教学管理系统通讯，可以在不同的远程教学管理系统中运行，应具备对试题的查询、单个录入、批量录入、删除、修改、组卷、统计分析、自动属性值校正等功能。

（三）课件 / 网络课件的要求

课件库中的课件可以和远程教学管理系统通讯，可以在不同的远程教学管理系统中运行。具备课件产生的评估数据机制，保证不同的工具可以对数据进行分析。单机上运行的课件，必须能够运行于 Win9x 以上的版本。对于一些基于静态网页的课件，或是 asp 类型的交互式课件，必须能够通过标准的 Web 浏览器访问，与浏览器运行的硬件平台无关。课件运行没有故障。课件中的有关媒体素材，必须符合媒体素材的要求。

（四）案例的要求

案例必须统一制作成 HTML 网页。

（五）文献资料要求

应符合文本素材最低的技术要求，也可是由某个机构正式发布的文件，但必须有实际的参考价值。

（六）应用软件的要求

根据不同的学科，设立相应的计算机辅助设计或虚拟技术应用软件，达到该学科管理、统计、仿真、设计和生产的目的。如电子专业学科设置电子设计自动化软件（EDA）、电子线路设计与仿真软件（Protel2004、Multisim 仿真软件）；数控专业开设

masterCAM、UG 等应用软件；财经专业设置会计电算化、用友软件、ERP 沙盘模拟实习软件等。计算机专业设置办公软件、网页制作、图形图解处理、3DMAX、MAYA、ACCESS 数据库、FLASH、JAVA、C、C++、VC、VB、VF 等应用软件。

（七）网络课程的要求

与网上的课程链接应正确，且与网上的课程能进行同步的更新。并能通过网络课程资源库，建设各学科虚拟实习室，通过网络教学环境进行虚拟实习和应用，充分发挥学生的主体作用，提高学习效率。

二、教学资源库建设的设计标准

根据信息资源自身的性质，教学资源库不是资源的简单集合，而应是以一定的教育教学理论为指导，遵循国家颁布的标准化规范，经过周密的设计而开发出的复杂性系统。校园教学资源库应该具备以下功能：能够进行快捷的信息检索；教师可以自行添加资源；资源种类齐全、科学；要有一定的权限设置：系统维护简单。以本校拟建的资源库为例，它主要包括以下模块。

（一）资源管理模块

资源管理模块的操作对象是资源库中的各类资源，在进行操作时要保证内容的安全性和可靠性。

这一模块具备的功能主要包括：

资源上载：允许在线的教师和教育工作人员进行单个或多个资源的上载。

资源下载：资源注册用户可以下载免费的资源。

资源审核：审核管理员主要负责对教师，上载的资源进行评审，以确定是否发布该资源。

资源查询：用户根据查询条件，输入关键字查询相应的资源。

资源删除：资源审核员或系统管理员可以删除不符合标准和过期的资源。

资源使用时的统计分析：对各种资源浏览和下载次数的统计，对此资源可进行评价，提高权限进行奖励。

（二）系统管理模块

系统管理模块主要负责对这个系统的维护工作，以保证系统的稳定性和可扩展性及对并发访问的支持。应具备的功能有：

资源库系统的初始化：属性、参数数据入库。

访问控制：对访问本资源库系统的用户数量的控制，可采取限定 IP 或限定访问流量的方法。

安全控制：使用防火墙等措施以保证系统不受病毒侵蚀和黑客的攻击。

功能扩展接口：为实现系统的自身完善和功能升级，提供可扩展的接口。

（三）用户管理模块

教育资源库有其特定的用户群，其中应为不同用户赋予各自的权限，从而确保系统的安全性和资源的质量。一般可以包括：系统管理员、资源审核员、教师、学生和游客（未注册用户），如有特殊的需求，还可视具体情况而变动。

系统管理员：对数据库系统有完整的控制权，允许他以浏览器方式通过 Internet 实施管理和维护，掌握所有用户的情况，并具有初始化资源库系统和审核注册用户的权限。

资源审核员：根据管理员分配的权限，主要负责对相应学科下的资源进行审核和管理。

教师：主要负责对某一特定学科的资源进行管理，包括浏览、查询、使用和上载和审核该学科的资源。

学生：可以浏览、查询、上传和下载信息库中的资源。

游客：可以浏览、查询和下载资源。

由于资源库建设是一个数据库结构不断完善和各种资源逐渐增加的过程，必然要经常对资源库进行修改和维护，因此，选择一个合适的服务器平台和数据库系统就显得尤为重要。在校园网中 Windows Server 2003 通常能胜任校园网应用的基本任务，而 Acess 2003 数据库具有使用方便，能够直接进行维护和管理的特点。因此，建议使用 WDN2sc20 作为资源库的运行平台。

第五章 "1+X"证书制度下的计算机应用专业课证融通的实施策略

随着我国对职业教育的重视程度不断提高，职业教育改革也在不断深入。许多中职学校在改革当中都应用了"1+X"证书制度，使学校的人才培养模式和评价机制及课程内容进行有机融合，从而提升人才培养质量。对此，本书以计算机应用专业为例，对"1+X"证书制度背景下的中职学校"课证融通"进行研究。

第一节 "1+X"证书制度下课证融通初探

在新时期下，课证融通的发展是将"1+X"证书制度做到全面化落实的主要途径，也是提高职业教育整体质量的关键所在。特别是在互联网行业飞速发展的前提下，前端技术已在小程序、网站和桌面应用等多个领域实现广泛应用。社会对 Web 前端开发技术人才的需求逐渐增加，中职学校必须在"1+X"证书制度下对人才培养方案进行针对性的调整，通过对课证融通的探索培养出高质量的技术人才。

一、课证融通的概念

课证融通，"课"指课程设置，是为满足"1"和"X"的学习而设置的理论框架；"证"指专业技术技能素养与学历素养的客观表现。其中，学历证书是基础、主体，职业技能等级证书为学历证书的补充（新规范、新要求、新技术、新工艺）、强化（职业素养、知识、技能等）与拓展（职业能力、职业领域等）。可见，课证融通是指专业学习中课程的设置与职业考证相对应，课程教材和教学内容与考证内容相一致，通过课程学习，学生不仅能够获得学历证书，也能够直接参加相关职业证书的考试来获取职业技能证书。

二、基于"1+X"证书制度下课证融通的人才培养模式优化原则

（一）四个坚持原则

贯彻落实《关于在院校实施"学历证书＋若干职业技能等级证书"制度试点方案》

《国家职业教育改革实施方案》《教育部关于职业院校专业人才培养方案制定与实施工作的指导意见》（简称"指导意见"）等文件中的精神，严格遵循指导意见中所提到的四项基本原则，即坚持遵循规律、坚持育人为本、坚持完善机制、坚持标准引领等原则，以更好解决现阶段存在的人才培养方案内容较为落后、程序制定不规范、人才培养概念和目标不明确、监督机制不健全，以及不能按照相关文件规定开设必修课程、人才培养方案总学时不足等问题，从而有效彰显中职人才培养特色、推动中职教育改革稳步前进，进一步促进学生的全面、健康发展。

（二）成果导向原则

成果导向一直是中职教育综合改革的重要原则，其源于教学目标理论、能力本位教育、精熟教育以及标准参照评量等基础原理，其主要指导思想就是确保教学流程导出教育成果，中职教育中就是将学生预期获得的能力作为导向，实现正向实施教学和反向设计，并以"学习成果"为教学目标，着重培养学生符合岗位需要的实践、创新等能力。通过实施"1+X"证书制度下的课证融通，不仅能够有效提高职业教育教学质量，培养更多复合型专业技术人才，还能充分利用"X"证书的专业性、可选择性与多样性，进一步促进学生的多元化、个性化健康发展。其中，以"X"证书学习成果为导向开发课程，在有效改变师生以往传统教育学观念的同时，还能更好提高教师与学生的专业能力。

（三）"X"证书与专业契合原则

"X"证书（即职业技能等级证书）能够很好反映学习者在某一专业学习、职业领域、岗位工作中所需的特定职业素养、技能技术和知识水平。现阶段，"1+X"证书制度的引入目的就是增强职业教育的灵活性、适应性及针对性，并进一步提高中职教育质量与效果，以更好符合行业需要、促进社会经济发展等。因此，某一专业应该从与该专业对接的职业岗位主要工作领域着手，选择与其相关的职业技能等级证书，保证其能有效反映该专业领域的新要求、新规范、新工艺与新技术，并确保学习者经系统的培训与学习后，能够快速适应工作岗位，并具备较好完成岗位工作任务的能力，更好满足企业转型升级对员工工作能力、任职能力的需求。

三、基于"1+X"证书制度下课证融通的人才培养模式优化策略

（一）优化策略的思考基础

在完善人才培养模式方面，"X"证书主要具有以下三个方面功能：第一，补充功能，在教学内容中纳入与企业转型升级有关的新要求、新规范、新工艺和新技术；第二，强化功能，实现对学习者某一学习领域职业素养、技能和知识的巩固与强化；第三，拓展功能，进一步拓展职业能力与职业领域等，从而更好培养复合型专业技术人才。

在利用"1+X"证书制度课证融通进行专业人才培养时，需要考虑和回答以下几个问题：①要对毕业生就业拓展岗位和主岗位所需要的工作规范、工具、对象以及成果项目（质量标准）和基础知识等要素进行综合分析，分出主次；②按照国家统一规范指定的证书，归纳出哪些课程可以支撑"X"证书与人才培养目标；③原有的人才培养模式中，结合证书要求，课程教学内容如何整合，或者重新分解；④实操环节如何强化，或者哪些实训课程需要进一步强化，实训平台从何搭建；⑤学校如何满足实训基地、师资、教学软件等资源配置要求；⑥如何平衡不选考与选考"X"等级证书在人才培养时的学分分配问题。基于以上分析，课程设置与证书获取融合度提出以下优化策略。

（二）优化策略的要点

1. 进一步明确人才培养标准

由于专业教学标准与职业技能等级标准二者均具有一定的普适性，因此，可以将二者进行融合和并轨，以形成人才培养标准。

（1）人才培养满足地方人力需求。当地区域经济发展能够影响职业教育的发展方向，职业教育在结合区域经济发展实际需求情况的基础上，根据专业教学标准与职业技能等级标准，从学校教育教学实际情况处理"X"证书课程内容，制定出更具有针对性和特色的人才培养标准。

（2）人才培养能力细化利于目标实现。在确立人才培养标准时，还应该罗列出与专业相对应的职业岗位所需职业能力条目。以此为依据，明确人才培养的总体目标，帮助专业教师更好地了解人才培养标准，从而有效实施人才培养模式。与此同时，在确立人才培养标准时，应该充分考虑学生作为主体所预期获得的能力，例如，计算机专业的学生往往更希望获得编程技能、系统设计能力、解决问题的能力，而并非只学习计算机方面的理论知识等。

（3）课证融合的人才培养模式的完善需要结合国家职业教育培训评价组织和职业技能等级已经认定的等级证书开展。在过去的实践教学中，很多高职院校的学生都考取了各种等级不同的职业资格证书。2018 年教育部职业技术教育中心研究所受教育部职业教育与成人教育司委托，发布了《关于招募职业技能培训组织的公告》（教职所〔2018〕144 号），经过相关领域专业和社会有关单位论证，2019 年 3 月从 500 多份有效申请中评选并公布第一批 5 家"1+X"证书制度试点工作的职业教育培训评价组织及职业技能等级证书和标准，同年 7 月，公布第二批 10 家职业教育培训评价组织及其开发的职业技能等级证书和标准。这些都为课证融合的证书的落脚点提供了解决方向和依据，更是为人才培养方案的改革提供有力保障。

2. 教学化处理"X"证书课程内容

细化课程与证书对接的职业能力、核心能力，促进毕业生就业后的岗位实战能力。

在开发技术路线时，应该严格按照专业标准进行，并从职业能力出发，进行课程及课程内容的设置，以更好实现教学现场（虚拟的工作现场）与真实的工作现场之间的转换。不同的专业可以构建不同的教学化思路，计算机专业的学生需要熟悉软件开发的整个流程，从需求分析、设计、编码、测试到部署。学校可以建立专门的实训室，模拟真实的软件开发环境，配备最新的硬件和软件工具。学生在实训室中完成项目，从项目管理、团队协作到代码编写，全面体验软件开发的过程。企业的基本技能可以分模块融入课程教学，实践证明，学校也必须综合分析真实岗位工作任务，将具备教学性的目标能力与其要求掌握的职业能力进行转化，并根据与专业对接的行业、企业职业能力要求，有机整合所需的职业素养、能力与知识，使专业课程教学内容更加符合学生学习和职业教育规律。

3. 实现“X”证书群与专业群有效对接

对课证融通而言，其最突出的问题就是“X”证书群与专业群的对接。在“X”证书与专业群对接的过程中，不可能采用一张“X”证书仅对接一个专业群的模式，建议采用证书多样化模式。多样化证书主要是毕业生的兴趣拓展，或者就业岗位的拓展能力，指证书和专业学习内容关联性与相关性不大，但是可以辅助或者帮助提升就业素养。在确定“1+X”课证融通目标时，应该充分考虑以下三个方面追求：①资源利用率高，即相关的实训平台与教学资源具有较高的共享性；②证书性价比高，必须从专业对接行业企业实际需求出发选择“X”证书；③能够体现成果导向，即符合与遵循职业教育人才培养规律。

4. 行业企业与学校的进一步深度融合

2020 年 10 月 13 日，中共中央、国务院印发了《深化新时代教育评价改革总体方案》，同时，要求各地区、各部门结合实际认真贯彻落实。其中，重点在职业教育评价里特别提出，评价职业学校（含技工院校，下同）德技并修、产教融合，重视学生获取职业资格或职业技能等级证书过程中的实际操作效果，评价过程中要行业企业共同参与评价，与学校一起引导培养高素质劳动者和技术技能人才，加大职业培训、服务区域和行业的评价权重。该文件对学校课证融通的效果评价提出更高的要求，企业要参与其中。这也要求行业企业不仅参与学校课程建设，课程教学，证书培训等，考核也要有一定的参与。只有校企深度融合，才能更有效推进“1+X”证书制度下的课证融合深入快速发展。

总之，基于“1+X”证书制度下，中职学校要以课证融通为主要着手点，努力培育出更多令企业认可的复合型技术技能人才。2021 年 11 月，人力资源社会保障部印发技工教育“十四五”规划的通知，明确提出切实提高高技能人才培养能力，强调完善技工院校高技能人才培养体系，全面开展职业技能培训，实施企业新型学徒培养计划，推进职业技能等级认定工作等，并且提出要大力加强校企合作，这些都为"1+X"证书制度下课证融合的人才培养模式的进一步完善提供了依据和保障。

四、"1+X"证书制度下专业核心课程的构建思路

（一）秉承纲领方向，保证实践成效

基于国家职业教育的改革方案，中职学校应考虑"1+X"证书的实际应用，对课证融通做到极大程度的重视，对国家政策做到全方位和细致化的分析，理解文件内容，避免盲目跟风，从而走出固式的教学模式，也不会与实践需求背离。那么，中职学校应秉承纲领方向，才能在最大限度上保证教学目标与人才需求相契合。

（二）重视队伍建设，深化教学改革

在"1+X"证书制度下，中职学校为做好"1"与"X"之间的有效衔接，通过教材的不断深化，依托校企来保证各阶段的实训成效。为此，若想将证书培训内容与日常的教学结合，中职学校必须对教师队伍进行科学培养，才能让课证实现高质量的融通，让各阶段人才培养的方案呈现出极强的适应性。

（三）结合证书内容，设计教学规划

基于 Web 前端开发人才的培养方向，中职学校一方面应对教育评价组织优化，另一方面应考虑证书的含金量，从而结合证书内容与当中标准来完成教学规划的科学设计，例如，涵盖工作任务、技能要求、工作领域与基础知识等多个层面，让课程规划呈现出可行性与合理性。

五、"1+X"证书制度下 Web 前端课程矩阵构建

（一）基于课证融通，组合核心课程

在"1+X"证书制度下，Web 前端课程的体系构建以"1"与"X"为中心，通过不同维度设计不同等级要求的课程，保证学历教育能够与职业培训有效结合，在相互融通下做到优势互补，从而实现核心课程的科学组合。在 Web 前端课程的优化下，职业教育结合初级、中级和高级证书技能点，明确技能的培训方案。例如，初级需要重视静态网页的开发，同时运用字本样式、背景和 CSS 选择器等对网页进行美化，学生需要对前端开发知识进行牢固的掌握并形成一定的设计与制作能力；中级则是让学生掌握一定的规划能力，完成 MySQL 数据库的管理并具备网站开发与数据交互能力；高级是需要学生通过前端知识的科学运用强化其移动端的开发能力，对前端组件进行相应优化。

（二）根据能力标准，构建课程矩阵

为保证"1+X"证书制度下课证的高质量融通，中职学校根据能力的标置 Web 前端开发的课程矩阵，同时考虑"1+X"证书的标准、企业需求和产业发展需要等内容，让初级至高级课程得到针对性的优化，保证对应课程内容的丰富性，有效培养学生所应具

有的职业核心技能。除此之外，Web 前端开发课程的矩阵构建还需要将专家意见、学历教育需求等做到有效结合。

六、“1+X”证书制度下软件技术专业课程构建

（一）针对培养需求，完成精准定位

课程的科学构建与教学内容的选择一直是“1+X”证书制度下课证通融的主要内容，也是落实课程教学的关键所在。Web 前端开发证书的培训课需要针对新时期下人才培养的需求来完成精准的定位，融入职业培养的目标，培养出复合型的人才，不仅夯实学生的基础知识，还能引导其对知识加以利用，让核心课程体系与岗位需求相契合。

（二）更新课程内容，满足行业发展

中职学校的课程在新时期下略显落后，教学内容有可能出现重复性，应借助先进技术，秉承“1+X”证书制度实现课证融通，做到去重去冗，保证突出重点内容。除此之外，中职学校还应根据 Web 前端开发行业所使用的新技术，结合当下的新业态和未来的新变化等内容对知识进行补充，运用最新的技术来保证课开发的可行性。

（三）考虑职业特点，强化能力培养

基于课证融通，中职学校对学制进行灵活调整，结合学历教育的需要与证书培训来完成课程的优化，帮助学生拓展其职业技能。具体而言，中职学校应将学历教育、实践活动的内容与“X”进行科学结合，强化证书培训课程，做到兼顾两头，让培训呈现出针对性。

（四）结合自身条件，推进课程重构

中职学校对“1+X”制度的内容进行深入探究，力求将专业核心课程做到重构，结合 Web 前端开发所需的软件技术对各学期的核心课程进行科学明确，形成书证融通的 Web 前端开发课程。中职学校还结合自身的条件，考虑到复合型人才培养的需求，对课程名称、内容、依据、课时等部分进行明确，借助研讨与审核为 Web 前端开发课程的推进带来保证。

在“1+X”证书制度下，课证融通理念已融入中职教育，中职学校必须带着强烈的责任心对专业核心课程进行构建，将“1+X”证书的标准与日常的教育教学有效结合，通过 Web 前端证书核心课程矩阵的科学构建，满足企业对人才的需求，让人才的培养方案与社会发展的实际需求相契合。对于 Web 前端技术人才的培养，中职学校需要培养一人多技的人才，基于“1+X”证书制度优化各阶段的教学课程，通过强化的训练让学生所应具有的综合能力得到极大程度的提升，保证整体的教学水平。

第二节 "1+X"证书制度下计算机应用专业课证融通模式

一、"1+X"证书制度与课程内容融合模式

（一）课程与证书内容融合

在"1+X"证书制度的推动下，许多中职学校开始探索和实践课证融通的教学模式。在课程设置中，将职业资格证书的知识点和技能要求融入日常教学内容。例如，课程内容可以覆盖Java认证和CCNA认证等知识，使学生在完成学业的同时具备职业资格认证的能力。这种教学模式不仅能够提高学生的理论知识水平，还能增强实际操作能力，为他们的未来职业发展奠定坚实的基础。职业资格证书的知识点和技能要求通过与课程内容的结合，能够更好地帮助学生理解和掌握行业标准。例如，在计算机应用专业的课程设计中，可以将Java编程语言的核心内容纳入编程课程中，并通过实践项目让学生熟悉CCNA认证中的网络配置与管理技能。这样，学生在学习过程中不仅能掌握专业知识，还能通过实际操作提高动手能力。

在课程设计中将职业资格证书内容融入教学，不仅能够使学生在校期间就能接触到实际工作中可能遇到的问题，还能让他们提前了解行业认证所需的知识和技能。例如，可以通过实际案例教学，让学生在学习Java编程的同时了解如何通过Java认证考试，并在网络课程中学习CCNA认证所需的网络架构和安全知识，从而使学生在毕业时既具备学术知识又拥有职业资格。通过将职业资格证书的要求纳入课程内容，学生能够在校期间逐步积累相关知识，并在毕业后更容易获得行业认证。例如，计算机应用专业的课程可以设置专门的Java编程和网络管理课程，使学生在掌握基本理论的同时，通过实验和项目实践积累经验，这样学生在面对Java认证和CCNA认证考试时会更加自信和从容。这种将职业资格证书与课程内容融合的教学模式，有助于提高学生的综合素质，使他们在毕业时不仅具备专业理论知识，还拥有实际操作技能。例如，通过引入Java认证和CCNA认证的相关知识，学生在学习过程中可以掌握这些认证所需的技能，并通过实训课程提高实际操作能力，从而在毕业时能够顺利通过认证考试并迅速适应工作岗位的要求。

（二）分阶段教学设计

根据职业资格证书的不同级别和难度，分阶段设计教学内容和实训项目是提升学生知识和技能水平的重要方法。第一阶段的教学内容应侧重于基础理论的学习，使学生掌握必要的基础知识。通过系统的理论课程，学生可以建立坚实的知识基础，为后续的进阶学习打下良好的基础。第二阶段的教学内容应侧重于进阶课程的设置。在这个阶段，学生需要在基础理论的基础上，进一步学习更为复杂和深入的知识。例如，学生可以在第一阶段学习基本的编程语言和计算机网络原理，在第二阶段则学习更为复杂的编程技

巧和网络配置方法。这一阶段的课程设计应注重理论与实践的结合，通过实际案例和项目训练，帮助学生将所学知识应用于实际问题的解决。第三阶段的教学内容应专注于高级技能的培养和认证考试的准备。在这一阶段，学生需要掌握高级技能，并进行针对职业资格认证的专项训练。例如，学生可以在这一阶段进行高级编程技术的学习和复杂网络环境的配置训练，并通过模拟考试和实战演练，为职业资格认证考试做好充分准备。这一阶段的教学设计应注重实践操作和考试技巧的训练，使学生不仅具备高级技能，还能熟练应对职业资格认证考试的各类问题。

通过分阶段的教学设计，学生的知识和技能水平能够逐步提升，使他们在学习过程中不断进步。例如，第一阶段的基础理论学习可以帮助学生掌握必要的基本概念和原理，第二阶段的进阶课程则可以帮助学生深化理解和应用这些概念，第三阶段的高级技能训练和认证考试准备则可以帮助学生达到职业资格认证的要求。这种分阶段的教学模式不仅能够提高学生的学习效果，还能增强他们的自信心，使他们在面对职业资格认证考试时更加从容和自信。这种分阶段的教学设计还能够更好地适应学生的个体差异，使每个学生都能在适合自己的学习节奏中不断进步。例如，基础较为薄弱的学生可以在第一阶段打好基础，而学习能力较强的学生可以在第二阶段和第三阶段中不断挑战自我，提升技能水平。教师可以更有针对性地进行教学指导，使每个学生都能在学习过程中得到充分发展和提高。这种分阶段的教学模式还能够使学生在学习过程中不断积累经验，为他们未来的职业发展奠定坚实的基础。例如，通过第一阶段的基础理论学习，学生可以建立起对专业知识的初步认识，通过第二阶段的进阶课程，学生可以将这些知识应用于实际问题的解决，通过第三阶段的高级技能训练和认证考试准备，学生可以掌握职业资格认证所需的高级技能，并通过实战演练提升应对实际工作的能力。这样，学生在毕业时不仅具备扎实的理论知识，还拥有丰富的实践经验和职业资格认证的能力，使他们能够在就业市场中脱颖而出。

二、"1+X"证书制度下的模块化教学模式

（一）灵活的教学模块

将课程内容划分为多个模块是灵活教学的重要体现，每个模块对应特定的职业技能和知识点，使学生可以根据自己的兴趣和职业发展需求进行选择。例如，网络管理模块、编程语言模块、数据库管理模块等，这种模块化的设计不仅能满足不同学生的学习需求，还能提高教学的针对性和实效性。模块化教学使课程设计更加灵活，能够更好地适应学生的个体差异和多样化需求。例如，一些学生对网络管理有浓厚的兴趣，可以选择网络管理模块，系统地学习网络配置、网络安全等相关知识。而对编程有兴趣的学生则可以选择编程语言模块，深入学习 Java、Python 等编程语言。这种模块化的设计能够让学生在学习过程中更加自主和有针对性，有助于激发他们的学习热情和动力。

通过模块化的教学设计，学生可以根据职业发展需求进行有针对性的学习。例如，未来希望从事数据库管理工作的学生，可以选择数据库管理模块，系统学习数据库设计、SQL 语言、数据库优化等内容。而对数据分析有兴趣的学生，则可以选择相关的模块，学习数据挖掘、数据可视化等知识。这种灵活的教学模式不仅能提高学生的专业技能，还能为他们的职业发展提供明确的方向和路径。模块化的教学设计还能够提高教学资源的利用效率。例如，学校可以根据学生的选择和需求，灵活安排教学资源和师资力量，确保每个模块的教学质量和效果。对于热门模块，可以增加教学资源投入，开设更多的班级和课程。而对于一些较为冷门的模块，也可以通过小班教学或线上课程的形式进行，确保每个学生都能获得高质量的教学资源。这种模块化的教学设计还能促进跨学科的知识融合。例如，在计算机专业的课程设置中，可以开设人工智能模块、数据科学模块等，结合计算机科学、数学、统计学等多学科的知识，培养学生的综合能力和跨学科思维。学生可以根据自己的兴趣和职业规划，选择不同的模块进行学习，既可以深入学习某一领域的知识，也可以跨领域学习，拓宽知识面和视野。

模块化的教学设计还可以提高学生的自主学习能力和创新能力。在这种模式下，学生需要根据自己的兴趣和需求，主动选择学习模块，制定学习计划，进行自主学习。这种自主选择和学习的过程，能够培养学生的自主学习能力和时间管理能力。此外，不同模块之间的交叉和融合，也能够激发学生的创新思维和能力，使他们能够在学习过程中不断探索和尝试，培养创新意识和能力。学生可以在学习过程中不断调整和优化自己的学习路径。例如，学生在学习过程中，如果发现某一模块不符合自己的兴趣或职业规划，可以随时调整学习计划，选择其他模块进行学习。这种灵活的教学模式，能够让学生在学习过程中不断探索和发现自己的兴趣和优势，找到最适合自己的学习和发展路径。

（二）学分与认证积分转换

建立学分与职业资格认证积分的转换机制是现代职业教育改革的重要方向。这种机制可以使学生在完成相应模块的学习和实训项目后，不仅获得学分，还能累积职业资格认证的积分，用于证书的认证和升级，从而更好地满足学生的职业发展需求。学分与认证积分的转换机制能够有效地激励学生参与到职业技能培训中来。在这种机制下，学生每完成一个教学模块或实训项目，都会获得相应的学分和认证积分，这不仅能够激发学生的学习积极性，还能让他们看到学习成果的具体体现。例如，计算机应用专业的学生在完成 Java 编程模块后，不仅能获得学分，还能累积 Java 认证考试所需的积分，使他们在毕业时能够顺利获得相关职业资格证书。

通过学分与认证积分的转换机制，教育机构可以更好地整合教学资源，提高教学效果。这种机制可以将学校的教学内容与职业资格认证的要求紧密结合，使学生在学习过程中不仅掌握理论知识，还能通过实训项目提升实际操作能力。例如，学生在完成网络管理模块的学习后，可以通过参与实训项目，获得相应的学分和CCNA认证积分，从而在毕业时具备更强的竞争力。这种机制还能够促进职业教育与行业标准的对接。通过学分与认证积分的转换，学校可以根据行业需求和职业标准，设计和调整教学内容，使其更符合市场需求。例如，在设计数据库管理模块时，可以参考行业内的数据库管理认证标准，将认证所需的知识点和技能要求融入课程内容，使学生在学习过程中不仅获得学分，还能为未来的职业认证打下坚实的基础。

学分与认证积分的转换机制还能够为学生提供更多的发展机会。学生可以根据自己的兴趣和职业发展需求，通过累积学分和认证积分，实现职业资格证书的认证和升级。例如，学生可以先选择基础模块，获得相应的学分和初级认证积分，随后再选择高级模块，进一步累积积分，实现职业资格证书的升级，学校还可以更好地实施个性化教学。学生可以根据自己的兴趣和需求，选择不同的学习路径，并通过完成相应的模块和实训项目，获得学分和认证积分。这种个性化的教学模式，能够更好地满足学生的学习需求，提高他们的学习效果和职业竞争力。此外，这种机制还能够增强学生的实践能力和创新能力。通过参与实训项目，学生可以将所学知识应用于实际问题的解决，累积实践经验和认证积分，提高动手能力和职业素养。例如，学生在完成编程语言模块后，可以通过参与编程竞赛或项目开发，从而在实际操作中提升技能水平。

三、“1+X”证书制度下的信息化教学模式

（一）在线学习平台

建立信息化教学平台，为学生提供在线课程、学习资料、实训项目和模拟考试等资源，是现代教育改革的重要举措。学生可以随时随地进行学习和复习，提高学习效率和效果。例如，学生可以通过在线平台观看课程视频、参与在线讨论、完成在线作业和进行模拟考试，这种灵活的学习方式极大地方便了学生的学习生活。在线课程视频可以覆盖各个学科的内容，学生可以根据自己的学习进度和需求选择观看。这不仅能够帮助学生巩固课堂上所学的知识，还能为他们提供更多的学习机会和资源。例如，计算机应用专业的学生可以通过在线平台学习最新的编程语言和技术，随时随地获取前沿知识和技能。

有些学生可能对某一特定领域感兴趣，可以通过在线平台深入学习相关课程和资料，拓宽知识面和技能。这种自主学习的方式，帮助他们在学习过程中不断探索和发现。通过在线平台，学生可以参与各种实训项目，进行实际操作和实践训练。例如，学生可以通过平台进行编程实训、网络配置、数据分析等项目，提升自己的实际操作能力和问题解决能力。这种实践训练，不仅能够帮助学生将理论知识应用于实际，还能增强他们的职业素养和就业竞争力。

学生可以检验自己的学习效果和知识掌握情况。例如，学生可以在学习完一门课程后，通过模拟考试测试自己的理解和掌握程度，发现不足之处并及时改进。这种方式，不仅能够帮助学生巩固知识，还能为他们参加正式考试做好准备，提高考试成绩和通过率。学生可以通过平台与教师和同学进行互动交流，讨论学习中的疑难问题和心得体会。这种互动交流，不仅能够帮助学生解答疑问，还能促进他们的思维碰撞和创新。例如，学生在学习编程过程中遇到问题，可以通过在线讨论向教师请教，或与同学共同探讨解决方案，提升学习效果和效率。学生可以通过平台完成教师布置的作业，并及时收到反馈和评估。例如，教师可以通过在线平台布置编程作业，学生完成后提交，教师可以在线批改并提供详细反馈。这种方式，不仅能够提高作业的完成质量，还能帮助学生及时发现和改正错误。

（二）学习管理系统

引入学习管理系统，对学生的学习过程进行全面管理和监控，是提升教育质量和教学效率的重要手段。通过 LMS，教师可以发布教学资源和作业，学生可以提交作业和查看成绩，学校可以统计和分析学生的学习数据，进行个性化教学和辅导。这种系统化的管理方式，能够为教育过程提供全面支持。例如，计算机应用专业的教师可以上传编程教程和示例代码，学生可以在线查看和学习。此外，教师还可以通过系统布置作业和测试，跟踪学生的学习进度，及时发现和解决问题。

学生可以通过系统提交作业、查看反馈和成绩，了解自己的学习情况。例如，学生在完成编程作业后，可以通过系统提交，教师可以在线批改并提供详细的反馈和建议，帮助学生改进和提高。学校可以通过 LMS 对学生的学习数据进行统计和分析。例如，系统可以记录学生的学习行为、成绩和反馈，学校可以通过这些数据了解学生的学习情况和需求，制定针对性教学计划和辅导方案。例如，对于学习成绩较为优秀的学生，可以提供更高难度的课程和挑战项目；对于学习有困难的学生，可以提供更多的辅导和支持，帮助他们提升学习效果。

通过系统，学生可以清楚地了解自己的学习进度和成绩，教师也可以公正、透明地进行评估和反馈。例如，系统可以记录每个学生的作业提交时间和成绩，教师可以根据这些数据进行公平评估和反馈。这种透明、公正的评估方式，能够增强学生的学习积极性和动力，促进他们的全面发展。此外，学习管理系统还可以促进教师之间的合作和交流。教师可以通过系统分享教学资源和经验，进行教学研究和讨论。例如，计算机应用专业的教师可以分享编程教学的案例和经验，讨论教学中的难点和解决方案，提高教学质量和效果。这种教师之间的合作和交流，不仅能够提升教学水平，还能为学生提供更加优质的教育资源和服务。学校可以通过系统进行教学管理和资源配置，提高教学管理的效率和效果。例如，学校可以通过系统安排课程和教师，管理教学资源和设备，提高教学资源的利用率和管理效率。此外，学校还可以通过LMS进行教学质量评估和反馈，及时发现和解决教学中的问题，提升整体教学水平。

四、“1+X”证书制度下的校企合作实训基地模式

（一）校企共建实训基地

与企业合作共建实训基地合作模式不仅为学生提供了真实的工作环境，还创造了宝贵的实践机会。例如，计算机应用专业的实训基地可以配备最新的网络设备、服务器、编程环境等，为学生的实践学习提供坚实的支持。在课堂上，学生学到的多是理论知识，而通过实训基地的实践，他们能够将这些理论知识应用到实际工作中。例如，计算机应用专业的学生可以在实训基地中使用最新的网络设备和服务器进行网络配置和管理，熟悉实际工作环境和操作流程，从而提升他们的实际操作能力和职业素养。学校可以引入企业的先进技术和设备，提升教学资源的质量。例如，企业可以为实训基地提供最新的编程环境和开发工具，学生可以在实际操作中掌握最新的技术动态和行业标准。这不仅能提高学生的技术水平，还能增强他们在就业市场中的竞争力。

实训基地还可以成为学校与企业之间的重要纽带，促进双方的深度合作。通过共建实训基地，企业可以参与到学校的教学过程，为课程设计和教学内容提供专业建议，确保教学内容与行业需求紧密结合。例如，企业可以根据市场需求，建议增加某些技能的培训内容，帮助学生更好地适应未来的工作环境。校企共建实训基地还能够为学生提供更多的就业机会。企业在实训基地中可以直接观察学生的表现，选拔优秀的学生加入企业。这种实训与就业相结合的模式，不仅能提高学生的就业率，还能让学生在毕业前就能适应企业的工作环境，缩短毕业后适应期。例如，计算机应用专业的学生在实训基地中表现优异，可以直接被实训基地所在的企业录用，实现无缝对接。

学生可以在真实的工作环境中进行实践。例如，计算机应用专业的学生可以在实训基地中参与实际项目的开发和管理，了解项目从需求分析到最终交付的全过程。这种实际工作经验不仅能提升学生的技能水平，还能增强他们解决实际问题的能力。实训基地还可以为教师提供实践教学的平台。教师可以在实训基地中进行实践教学，与企业的技术人员共同指导学生，了解最新的行业动态和技术发展。这不仅能提高教师的实践教学能力，还能为教学内容的更新和改进提供依据。例如，计算机应用专业的教师可以在实训基地中了解最新的网络安全技术，将其融入课程内容中，为学生提供更加前沿的知识和技能。

（二）企业导师指导

邀请企业专业技术人员担任实训导师是提升学生实践能力和职业素养的有效途径。这种模式通过让学生在实际操作和项目实践中接受专业指导，帮助他们更好地理解和掌握行业所需的技能。例如，企业导师可以带领学生参与实际项目，从需求分析到系统设

计、编码测试到部署运维，全面提升学生的综合能力。在实际操作过程中，导师可以结合自身丰富的工作经验，指导学生如何高效解决问题。例如，在一个软件开发项目中，企业导师可以帮助学生理解客户需求，进行系统设计，并在编码过程中提供技术支持，从而提高学生的编程能力和项目管理能力。这种实践经验对于学生未来的职业发展具有重要意义。

学生能够更好地了解行业标准和工作流程。例如，在计算机应用专业，企业导师可以带领学生完成一个完整的网络管理项目，指导他们进行网络设备的配置和管理，确保网络的安全性和稳定性。通过这样的实际操作，学生不仅能够掌握相关技术，还能了解行业中的最佳实践和标准流程，从而为进入职场做好准备。每个学生在学习过程中都会遇到不同的问题和挑战，企业导师可以根据学生的具体情况，提供针对性指导和建议。例如，在一个数据分析项目中，导师可以根据学生的分析结果，指出其不足之处，并提出改进方法，从而帮助学生不断提高自己的技能水平和分析能力。

学生能够更早地接触到最新的技术和行业动态。企业导师通常在各自领域具有丰富的经验和深厚的技术背景，他们可以将最新的行业趋势和技术动态传授给学生，使学生始终保持与行业发展的同步。例如，在人工智能领域，企业导师可以指导学生使用最新的算法和工具，进行实际项目的开发和应用，从而提升学生的技术水平和创新能力。在实际项目中，学生需要与导师和团队成员进行紧密合作，学会沟通、协调和解决问题。这种团队合作的经验对于学生未来进入职场具有重要的借鉴意义。例如，在一个软件开发团队中，企业导师可以指导学生如何进行团队分工和协作，如何处理项目中的突发问题和挑战，从而提高学生的团队合作能力和应变能力。学生还能够建立起宝贵的行业人脉关系。导师通常在行业内有广泛的联系，他们可以为学生提供实习和就业的机会，帮助学生顺利进入职场。例如，企业导师可以推荐表现优秀的学生到相关企业实习，甚至直接推荐他们就业，从而为学生的职业发展提供有力支持。

五、"1+X"证书制度下的多样化评价模式

（一）综合评价体系

课堂表现、实训项目、技能竞赛和职业资格认证考试成绩等，都是评价学生综合素质的重要指标。这种综合评价体系能够全面反映学生的学习情况和实际能力，有助于培养全面发展的优秀人才。传统的评价方式主要以学术成绩为主，而多样化的评价方式则将职业技能、实践能力等纳入评价体系。例如，学生在课堂上的表现、参与实训项目的成果、参加技能竞赛的成绩以及职业资格认证考试的通过情况，都是评价的重要依据。这种多维度的评价方式，能够更准确地反映学生的全面发展情况。

通过引入职业技能的考核，可以更好地培养学生的实践能力和职业素养。例如，在计算机应用专业的评价体系中，可以将编程能力、项目管理能力、网络配置技能等作为

评价的重要内容。学生不仅需要在理论考试中取得好成绩，还需要在实训项目和技能竞赛中展示出色的实际操作能力。通过这种综合评价体系，学生可以在学术知识和职业技能方面得到全面提升。技能竞赛作为评价学生综合素质的重要指标，能够激发学生的学习积极性和竞争意识。在技能竞赛中，学生需要运用所学知识和技能，这不仅能够检验他们的学习效果，还能锻炼他们的创新能力和团队合作精神。例如，学生在参加编程竞赛或网络安全竞赛时，需要独立思考、快速反应，并与队友密切合作，这对于培养他们的综合素质具有重要意义。

学生能够获得行业认可的资格证书，这不仅是对其专业能力的肯定，也是进入职场的重要凭证。例如，计算机应用专业的学生可以参加 Java 认证、CCNA 认证等考试，这对于提升他们的就业竞争力具有重要作用。课堂表现作为评价体系的重要组成部分，可以反映学生的学习态度和参与度。在课堂上，学生的听课状态、回答问题的积极性、与教师和同学的互动情况，都是评价的重要内容。通过观察和记录学生的课堂表现，教师可以及时了解学生的学习状况，并给予相应的指导和帮助，促进学生的全面发展。实训项目的成果是评价学生实践能力和职业素养的重要依据。在实训项目中，学生需要将理论知识应用于实际操作，通过完成项目任务，展示他们的实践能力和解决问题的能力。例如，学生在完成一个网络配置项目时，需要独立进行需求分析、系统设计、设备配置和故障排除，这对于提高他们的实际操作能力和职业素养具有重要作用。

（二）过程性评价与终结性评价结合

在教学过程中，结合过程性评价与终结性评价是全面评估学生学习效果的关键策略。过程性评价通过平时作业、实训记录、阶段性测试等，持续了解学生的学习进展和技能掌握情况，而终结性评价则在课程结束时通过期末考试、实训报告和职业资格认证考试，全面评估学生的学习成果。这种综合评价体系能够更准确地反映学生的学习情况和成长过程。通过平时作业，教师可以及时了解学生对所学知识的掌握情况，发现他们在学习中存在的问题，并给予针对性指导。例如，学生在完成编程作业时，如果出现逻辑错误或代码不规范，教师可以及时指出并帮助他们改正，从而提高学生的编程能力。实训记录也是过程性评价的重要组成部分，记录学生在实训项目中的表现和进展，帮助教师了解他们的实际操作能力和问题解决能力。

通过定期的测试，教师可以检验学生在特定阶段的学习效果，了解他们对知识点的掌握情况。例如，在计算机应用专业的课程中，可以通过阶段性测试，检查学生对网络配置、编程语言等知识的理解和应用能力。通过这些测试，教师可以发现学生的薄弱环节，并在后续的教学中进行有针对性的补充和强化。过程性评价不仅有助于教师了解学生的学习情况，还能激发学生的学习积极性和自主性。学生在平时作业和实训项目中表现优秀，可以获得相应的评价和奖励，这不仅能够增强他们的学习动力，还能培养他们的自主学习能力和责任感。例如，学生在实训项目中表现突出，可以获得额外的学分或推荐参加技能竞赛的机会，这对于他们的学习和职业发展具有积极的激励作用。

期末考试作为终结性评价的重要方式，能够系统地检验学生对整个课程内容的掌握情况。例如，计算机应用专业的期末考试可以包括理论知识的笔试和实际操作的上机考试，全面评估学生的综合能力。实训报告也是终结性评价的一个重要方面，学生需要总结实训项目的内容、过程和结果，展示他们在实训中的收获和反思。通过职业资格认证考试，学生不仅能够获得行业认可的资格证书，还能检验他们在实际工作中应用知识和技能的能力。结合过程性评价与终结性评价，不仅能够全面评估学生的学习成果，还能促进学生的全面发展。在过程性评价中，教师可以及时了解学生的学习情况，发现并解决他们在学习中遇到的问题；在终结性评价中，教师可以系统地检验学生的综合能力，总结他们的学习成果。

六、"1+X"证书制度下的持续学习与职业发展模式

（一）终身学习理念

培养学生的持续学习能力和职业发展意识，是现代教育的重要目标之一。学校在这一过程中扮演着关键角色，通过提供丰富的继续教育资源和在线学习平台，支持学生在职业生涯中的持续学习和发展。终身学习理念强调学习不仅仅是为了应对当前的教育阶段，而是为了应对整个职业生涯中的不断变化和挑战。学生在校期间所学到的知识和技能，可能在未来的职业生涯中需要不断更新和拓展。因此，培养学生的持续学习能力，使他们具备自主学习和更新知识的能力，是教育的重要任务。例如，通过开设各种继续教育课程和在线学习资源，学校可以帮助学生不断提升自己的专业水平和适应能力。

学校提供丰富的继续教育资源，是实现终身学习理念的重要途径。这些资源包括各种专业培训课程、讲座、研讨会等，帮助学生在职业生涯中不断提升自己的知识和技能。例如，对于计算机应用专业的学生，学校可以提供最新的编程语言、网络安全、人工智能等方面的继续教育课程，使他们能够跟上技术发展的步伐。这种丰富的继续教育资源，能够激发学生的学习兴趣和动力，帮助他们在职业生涯中不断进步。通过在线学习平台，学生可以随时随地访问学习资源，进行自主学习和知识更新。例如，学校可以建立一个综合性的在线学习平台，提供各种课程视频、在线讲座、电子书籍和学习资料，帮助学生在工作之余进行学习和提升。

学生在校期间，不仅需要掌握专业知识和技能，还需要具备职业规划和发展意识。例如，学校可以通过职业规划课程、职业咨询服务和职业发展讲座等，帮助学生了解自己的职业兴趣和优势。这种职业发展意识的培养，能够帮助学生在职业生涯中明确目标，积极进取，实现自我价值和职业成功。终身学习理念的实施，还需要学校和社会各界的共同努力。学校在培养学生终身学习能力的同时，社会各界也需要提供相应的支持

和资源。例如，企业可以通过提供在职培训和继续教育机会，帮助员工不断提升自己的职业技能和知识水平；政府可以通过制定相关政策，鼓励和支持终身学习的发展。这种多方合作的模式，能够为学生和社会成员提供更多的学习和发展机会，促进社会的全面进步和发展。

（二）职业发展指导

学校可以帮助学生进行全面的职业测评、就业指导和职业培训，明确他们的职业目标，制定切实可行的职业发展计划，并提供相应的学习和培训资源。这种系统的职业发展指导，不仅能够提高学生的就业竞争力，还能促进他们的职业成长和个人发展。职业发展指导中心的设立可以为学生提供个性化的职业测评服务。通过科学的职业测评工具，学生可以了解自己的兴趣、能力和职业倾向，从而更准确地定位自己的职业方向。例如，职业测评可以帮助计算机应用专业的学生发现自己在编程、网络安全或数据分析方面的优势，从而选择最适合自己的职业路径。这种个性化的测评服务，能够帮助学生更好地认识自己，明确职业目标，为未来的发展做好准备。

通过一系列的就业指导活动，学生可以获得全面的职业信息和就业建议。例如，职业发展指导中心可以组织企业招聘会、职业讲座和校友分享会，让学生了解行业动态和就业趋势，学习求职技巧和面试经验。这些活动不仅能够帮助学生拓宽就业渠道，还能提高他们的求职能力和就业成功率。通过系统的职业培训课程，学生可以提升自己的专业技能和职业素养。例如，职业发展指导中心可以开设编程培训、项目管理培训和职业礼仪培训等课程，帮助学生在学习期间不断提升自己的综合能力。这种针对性的职业培训，能够增强学生的职业竞争力，使他们在就业市场中脱颖而出。

职业发展指导中心还可以为学生提供职业发展规划服务。通过一对一的职业咨询，学生可以与职业顾问一起制定个人的职业发展计划，明确自己的短期和长期职业目标。例如，职业顾问可以帮助学生分析当前的就业形势，制定合理的求职策略，并根据学生的职业目标，推荐相应的学习和培训资源。这种个性化的职业发展规划服务，能够帮助学生理清职业发展思路，提升职业发展能力。除了职业测评、就业指导和职业培训外，职业发展指导中心还可以提供丰富的职业资源和信息。例如，职业发展指导中心可以建立职业信息库，收集和整理各行业的职业信息和就业机会，供学生查阅和参考；还可以与企业合作，提供实习和就业机会，帮助学生积累工作经验，提升就业竞争力。这些丰富的职业资源和信息，能够为学生的职业发展提供有力支持。职业发展指导中心的设立，不仅能够帮助学生提升职业规划能力和就业竞争力，还能促进学校与企业的合作。通过与企业的紧密合作，职业发展指导中心可以了解行业需求和就业趋势，及时调整职业培训和就业指导的内容，提高职业教育的针对性和实效性。例如，职业发展指导中心可以与企业合作开设定制化的职业培训课程，根据企业的需求培养专业人才，提高学生的就业率和就业质量。

第三节 "1+X"证书制度下计算机应用专业课证融通研究

自从在中职学校试行"1+X"证书制度，其制度为职业院校开展教育教学改革提供了有利契机，并且通过专业 X 证书标准与专业教学标准有效对接，可以实现专业人才培养课程体系重构，在夯实学生就业创业能力的同时，推动职业院校稳定持续发展。本书联系中职学校计算机应用专业"1+X"证书制度的重要作用，对中职学校计算机应用专业推行"1+X"证书制度存在的问题进行细致分析，并从构建专业在"1+X"证书制度参与下共同体、打通专业 X 证书标准与专业教学标准对接障碍、重新建构专业人才培养课程体系、打造一支高水平专业教师队伍，提出有效进行专业课证融通的几点策略，以供参考。

在社会经济不断发展背景下，中职教育也由规模扩张转向了内涵式发展，所推行双证书制度存在的职业资格证书覆盖面不够、不能及时反映市场需求变化、无法满足技术技能人才培养需要等不足也逐渐显露出来，对中职教育和学生发展带来极大影响。而将学历证书＋若干职业技能等级证书制度（"1+X"证书制度）融入专业教学当中，不仅可以创新中职教育人才培养模式，还能够搭建专业技术技能人才成长立交桥，促进新时代中职教育获得高质量发展，所培养专业人才也能切实满足市场需要。

鉴于此，对"1+X"证书制度下中职学校计算机应用专业课证融合展开研究与分析。

一、中职学校计算机应用"1+X"证书制度的重要作用

将"1+X"证书制度融入中职学校计算机应用专业教育教学中，可以起到以下作用：

1. 创新专业人才培养模式

我国在大力发展中职教育过程中，除了对国外双元制、能力为本等经验进行学习和借鉴以外，还立足自身实际深入探寻具有本国特色的中职教育模式，而"1+X"证书制度所反映出的最新行业动态、规范制度、先进技术等内容，将之渗透到中职计算机应用专业教学当中，就可以促进新业态、新规范和新技术与校内课程标准、教学内容、职业培训等进行充分融合，在带动中职教育转型升级的同时，构建更加贴合行业发展实际的人才培养体系，并推动学生获得更好发展，行业发展人才需求也能得到有效满足。

2. 缓解行业就业结构性矛盾

"1+X"证书制度的提出和推行，旨在解决我国日益突出的计算机行业结构性就业压力，特别是当前社会发展出现的计算机应用技术技能型人才断层情况，导致这一问题发生的主要原因在于该专业毕业生知识技能无法满足当前计算机行业发展实质要求，而"1+X"证书制度的实行可以助力这一问题得到切实解决。

3. 促进职业教育获得高质量发展

在计算机应用专业中，贯彻落实"1+X"证书制度，势必会倒逼计算机应用专业教学和人才培养，积极主动去适应新时期计算机应用科学技术发展和就业市场实质要求，并在各个层面发挥支持作用，为中职教育创新改革注入更多动力，进而开创出更多形式和主体的崭新办学格局，并且在催动人才培养模式改革下，所培养计算机应用人才也会更加贴合市场真正需要，进而带领中职教育朝着高质量方向发展。

4. 搭建专业技术技能人才成长立交桥

中职学校计算机应用专业"1+X"证书制度的实行，必然要求专业学历教育与技能培训相互连接和互融互通，并通过大力实施学分银行，引导学生加强专业学习，并通过学习成果零存整取获得相应学历和 X 证书，在提高学生综合素养的同时，还能培养学生树立终身学习观念，并在持续学习中不断增强职业竞争能力，甚至还能够实现跨行业职业迁移。

二、中职学校计算机应用专业推行"1+X"证书制度存在问题分析

现阶段，在中职学校计算机应用专业中，大力推行"1+X"证书制度，还存在以下问题急需解决：

1. "1+X"证书标准与计算机应用专业教学标准对接不足

中职学校计算机应用专业职业技能等级有三个层次，侧面也要求 X 证书标准与专业教学标准进行有效对接，以达到教学要求与培养目标相一致目的，在促进学生专业技能提升的同时，实际职业发展需要也能得到更好满足。然而从实际情况来看，职业技能等级标准与专业教学之间衔接力度还不够，需要加强两者之间关系研究，并通过明确两者标准促进深度融合，为课证融通奠定良好基础。

2.X 证书培训内容与专业课程内容融通不够

在计算机应用专业中推行"1+X"证书制度，不是为了削减专业原本课程教学内容，而是让该专业学生通过专业课程模块集、典型工作任务模块集、专业共享课程等，获得更多职业技能培训，真正实现知识、技能、素质协调发展，并满足新时期计算机应用人才真实需要。但是结合实际发现，X 证书培训内容与专业课程内容没有实现互融互通，特别是在纵向 X 证书培训内容方面，没有对专业课程内容进行深化和提炼，不仅严重制约了计算机技术技能人才培养模块组合空间，还极大降低了"1+X"证书制度推行运用质量。

3.X 证书培训教师与计算机专业教师能力不相匹配

"1+X"证书制度在计算机应用专业中进行运用，要取得理想课证融通教学效果，

就要一支更为专业教师队伍从旁给予更多支持，而当前中职学生体现出的个性化、多元化等时代特征，开展学习更加倾向于计算机应用知识深度与创新，由于受到职业教育传统治理框架影响，导致教师队伍建设不尽如人意，只有不断提高教师专业知识、技术能力和教学水平，才能更好胜任计算机应用专业X证书培训教学工作，特别是在学生遇到学习问题时，可以在教师指导下妥善解决，并促进“1+X”证书制度在专业教学中得到更好应用。

4.学习成果转换学历证书与职业技能不够灵活

虽然职业教育国家学分银行已经上线运行，但是在学分银行文件方面却有待进一步完善，特别是在职业教育学分转换机制、流程、要求等方面，还需结合实际进行补充完善，以更好支持学习成果灵活有效转换学历和证书。

三、“1+X”证书制度下中职学校计算机应用专业课证融通策略探讨

（一）构建专业“1+X”证书制度共同体

中职学校计算机应用专业“1+X”证书制度涉及多个利益主体，并且不同主体也都有各自利益诉求，如：政府希望通过“1+X”证书制度缓解学生就业困难问题，并促进专业人才培养与行业发展相适应；企业则希望中职学校培养学生能够尽快适应实际岗位工作需要，并成为行业人力资源输入的稳定通道；学校则希望企业能够留住所培养人才，并促进毕业学生也能快速适应行业转型和地方经济发展要求。

在这一利益共同体下，任何一方出现强势和完全利己情况，都会对专业人才培养质量带来极大影响，因此需要对共同参与的命运共同体进行构建，并通过利益协调和有效沟通，使各自诉求均能得到满足，中职学校计算机应用专业“1+X”证书制度也能得到持续性发展。

（二）打通证书标准与专业教学标准对接障碍

在计算机应用职业技能等级标准中，计算机应用职业能力要求分为初级、中级和高级三个层次，以界面设计职业技能为例，初级职业能力要求有：了解设计基础，掌握平面设计软件，掌握交互基础，制作界面视觉、设计完整的移动端UI作品等；中级职业能力有：对需求进行挖掘分析，独立完成各种类型的界面设计（包括但不限于App界面设计、小程序界面设计、H5界面设计及后台界面设计等），优化视觉，对接技术产品推动产品上线，掌握动效设计，并了解网页设计基础，掌握Web界面设计能力等；高级职业能力有：提升解决多种类型产品以及UI界面出现问题的相关能力，提升用户体验等。而最新颁布的中职学校计算机应用专业教学标准，要求开展教学要侧重学生知识、能力和素养培养，特别是在专业能力和职业素养上，通过专业学习使学生掌握基本职业

能力。

对上述提到两个标准进行深入剖析，可以发现两者存在共通之处，这时候就可以通过保留专业教学中含有X证书培训内容，将X证书体现工作岗位群标准融入专业教学标准中，增加体现计算机行业新规范、新工艺等课程模块，促进X证书标准与专业教学标准有效对接。

（三）重新构建专业人才培养课程体系

现阶段，中职学校对计算机应用专业人才培养体系进行构建，多是围绕计算机职业能力和行业工作岗位需要进行，针对学生职业迁移能力则考虑不足，这时候将"1+X"证书制度渗透到计算机应用专业教学中，就可以对计算机应用X证书涵盖的职业功能、相应知识、技能要求等进行认真梳理，并根据X证书能力单元对现有计算机应用专业课程类型、性质、学分等要素进行合理配置，使现有课程体系具有多元服务功能，学生通过模块化课程学习，职业技能也能得到补充、强化和拓展，进而形成崭新的专业人才培养体系，推动学生获得更全面和更综合的发展。

（四）打造一支高水平专业教师队伍

大力推行中职学校计算机应用专业"1+X"证书制度，为取得理想教育效果，还需要一支高水平教师队伍从旁发挥支持作用，实践中可以落实四有教师标准，筛选出一批师德高尚、技艺精湛和教育水平高超的教师加入现行工作队伍当中，并围绕计算机应用"1+X"证书的崭新要求，做好教育培训工作，使"1+X"证书制度与中职学校计算机应用专业教学深度融合，在提高学生综合素质和职业技能的同时，极大满足行业发展和岗位工作需要。

实践中还可以通过不断完善考核、激励、奖惩等制度，进一步提高教师队伍工作积极性，并助力"1+X"证书制度在计算机应用专业中运用并取得理想效果，使其得到更加深入的持续发展。

四、"1+X"证书制度下中职"课证融通"——以"Web前端开发"初级证书为例

"1+X"证书制度是现代职业教育制度框架下，关于人才培养模式、评价模式的一种制度设计，将中职教育与"1+X"证书制度相融合，既提高了职业技能教育的质量和教师职教技能水平，也促进了职业教育的"三教"改革。中职学校"1+X"证书制度的实施是促进"课证融通"的重要举措，也是学校落实立德树人、德技兼修的根本任务。

（一）校、企、院三方合作，证书融合人才培养方案，重置专业课程体系

课程体系是"课证融通"的基础，学校邀请行业企业人才、高职院校计算机应用专

业骨干教师共同参与计算机应用专业（Web 前端开发方向）的人才培养方案改革，围绕互联网 +、新兴技术行业的 Web 前端开发技术人才实际需求，将职业技能等级标准与教学标准融为一体。以"1+X"Web 前端开发初级考证标准为纽带，深度剖析证书考核的技能点，精准把握课程体系设置，与考证对应的职业领域、职业岗位技能要求、考证标准紧密融合，以提升课程体系的职业岗位针对性，有针对性地调整 Web 前端开发方向专业课程设置，如对标证书考核内容，根据中职学生的学情特点，因材施教，对原有的相关课程进行适当整合；根据职业技能鉴定工种所涵盖的知识和技能的需要进行教学，以期达到提升学生 Web 前端开发实践技能和初级认证的等级要求的双重目标，将"Web 前端项目实训"课程改为"Web 前端开发（考证）"课程。

（二）优化教学内容和创新教学方法，促进"课证融通"

1．优选"1+X"考证系列丛书，优化教学内容

确定好专业课程体系之后，教材的选定、教学内容的设置要满足"1+X"考核要求，实现"课证融通"的同时要达到教学目标，并保证学生的 Web 前端开发能力得以循序渐进地提升。一是优先选取中国工信集团出版的"'1+X'证书制度 Web 前端开发系列丛书"作为基础教材，掌握考证所涉相关知识点和主方向，在学习了教材中 HTML、CSS 知识的基础上，进一步扩展学习"1+X"证书 Web 前端开发考核标准中所涉及的 HTML5 新特性、CSS3 新特性等知识，学会移动端静态网页的制作；二是学会使用 JavaScript 实现交互网页制作之后，补充 jQuery 相关教学内容；三是把证书试点培训指定用书《Web 前端开发（初级）实训案例教程》作为项目实训课程教材，使用按考证标准精心设计的"技术专题"和"综合实践"两大部分内容培养学生的核心技能和综合应用能力，达到认证的等级要求。

2．"以证促教、以证促学"，创新教学方法

第一，基于网络教学平台上微视频的混合式教学模式，用以培养、提高学生自主学习能力。将课程教学内容中对应的考证知识点，尤其是相对抽象的知识点转化为微视频，运用超星学习通、移动 App 等网络教学平台，以线上线下混合教学互补模式，有效地提高教师的教学效率。例如在"网页设计"课程中，"盒子模型"是一个相对抽象的教学点，也是"'1+X'Web 前端开发（初级）"考证中考查的重要知识点，对学生而言，"盒子模型"是一个全新的概念，学习时可能会对模型的结构及属性混淆，导致无法实施正确的网页布局，教师于课前在网络教学平台线上课程中发布"盒子模型"的微课，以任务点的形式督促学生观看微课，并完成测试任务，其目的是让学生通过自主学习微课中的知识讲解学会基础知识，提升自主学习能力，并带着问题听课，提升课堂学习效果，教师也可以根据课前学情和存在的问题有针对性地调整教学设计开展线下授

课。此外，"盒子模型"微视频采用符合中职学生心理特点的MG动画进行演示，通过镜头的远近切换、字幕提示以生活中常见的手机盒子为例，对手机盒子所包含的手机、填充泡沫和盛装手机的纸盒等部分作出分析，讲授content（width，height）、padding、border和margin等这些盒子模型的结构组成，从而引发学生对新知识的兴趣，激发了学习欲望。

第二，构建脑图，创新思维方式，形成知识框架，提升学习效果。脑图，也称为思维导图，是利用图片、文字、符号、颜色、连接线等来展示人脑的思维过程的一种导图，它将复杂枯燥的信息转化为结构清晰且易于记忆的结构图，将"思维导图"这种基于创新思维培养的教学方法引入Web前端开发"课证融通"的课程体系实际教学中，有利于学生系统架构知识框架，将零散的各阶段知识点相连接，形成完整的课程知识脉络，可以充分帮助学生把握知识的发展轨迹。

项目实训教学时，尤其是在完成提升任务的小组讨论中，可以充分依托思维导图的发散性结构特征，解析网页设计实施内容的各个知识点，并应用联想、比较等多种创新方法延伸到思维导图的各个分支内容中，使学生基于思维脉络对各种问题进行深入研究，在改善思维方式的同时也利于自身职业素养的提升和创新能力的形成。此外，在"1+X"考证复习阶段，使用思维导图方便进行考核知识点的归纳总结，可形成高记忆效果，提高学习效率。

第三，以资格技能标准为引领，采用项目导向教学法，提升学生职业技能。以项目为导向，任务为驱动，采用迭代递进思路来开展Web前端开发应用实践教学，引入"1+X"Web前端开发职业技能初级证书标准，把标准中的实践内容融入课程中的每一个基础实验项目内，将零散的教学内容以实验任务的形式来进行组织，且由浅入深、逐层递进。并且，将简易操作的实验项目安排在前期，培养学生对实践操作的兴趣和成就感，培养学生的自信心。最后以真实企业项目为依托，设计综合实践项目来检测学习效果，把各个基础阶段的知识点融入综合实践项目中，形成一个有机的整体，通过学生亲自体验项目原型设计思路与案例制作，完整训练学生掌握Web前端开发核心技能，提升职业技能，以达到初级Web前端工程师水平，同时又培养学生团队小组化协作能力。

公用辅助一体化：为了合理利用能源、减少消耗，根据化工区内化工主体项目，形成供水、供电、供热、供气为一体的公用工程"岛"，实行区内能源的统一供给。

第四，基于"1+X"课程模式下，积极宣传、加强校园文化建设。基于"1+X"课程模式下，营造"匠心文化"校园氛围，勉励学生提升职业素养，激发学生的学习热情，将优秀企业文化和优秀员工案例就地"取材"，让学生感受"匠人"的魅力，将企业精神与校园文化有效融合，潜移默化地渗透到Web前端开发教学的各个阶段，通过开展专业认知教育、思想宣讲会等活动，对计算机应用（Web 前端开发方向）专业进行政策宣传和解释，解读国家的“1+X”证书制度的有关政策，重点介绍当前 Web 前端开发行业发展的需要和企业岗位群的需求，让学生对“1+X”证书制度和专业就业前景有所了解。

在上述的基础上，教师在教学实践中可以根据课程体系中不同的 Web 前端开发方向专业课程的教学目标和教学需求，对多种教学方式、方法进行自由组合和选择，以更好地满足学生综合性学习需求。

（三）整合多元化教学资源，保障“课证融通”有效实施

1．整合多重网络资源，开发超星网络课程

凭借教师团队自身的课程教学经验，深入研究 Web 前端开发初级职业技能等级标准，依托工信教育网站中“新奥学堂”所提供的 Web 前端开发（初级）考证相关课程、重要知识点、历年真题解析等教学视频，整合汇总“传智播客教辅平台”上的电子教材、教学课件、实训素材以及拓展学习资料，再使用“超星学习通”在线教学平台进行相关课程的资源建设，创建题库，作为“课证融通”课程体系的补充资源，方便学生练习与使用，为“课证融通”的有效实施提供保障。

2．搭建考证培训平台，夯实“1+X”证书实训环境

在“1+X”证书制度背景下，学校为夯实实训的硬件、软件环境，加大资金投入，注重 Web 前端开发相关的校内实训基地建设，为提高学生考证的通过率，可以与企业合作专门搭建服务于“‘1+X’Web 前端开发”考证的学习培训平台，该平台可提供依据初、中级的职业技能等级标准规定的能力要求，以视频、理论实操练习、模拟套卷、错题集等形式方便学生考前进行复习巩固，增强学生的考证自信心。

（四）建设教学创新团队，提升师资力量

扎实推进专业“课证融通”工作，促进计算机应用专业、学科建设是离不开一支结构合理、与时俱进的教学创新团队的。因此，学校以省计算机专业带头人、省级教学名师、计算机网络专业高级技师为首，配备计算机应用教研组长期从事 Web 前端开发教学工作的、专兼职教师数人的专业教师团队，其中包含通过聘、引方式积极吸收具有在互联网应用和企业从事网站规划、网站开发、用户体验设计等工作经历的工程型教师，充分发挥“传帮带”作用，在精准把握“‘1+X’证书”制度先进理念、深入探究职业技能等级标准的基础上，做好专业教学总体设计，满足新技术技能培训培养需求的教学创新团队。

同时，为满足“‘1+X’证书”Web 前端开发初级考证育训结合的需要，加强“双师型”教师的培养，注重提升学校内具有 Web 前端开发相关课程授课经验的专业教师

的实践能力。可多次组织团队负责人和专业骨干教师参加“Web前端开发职业技能等级证书试点工作研讨培训”。以此提高教学实施、培训和考评能力，且以点带面，充分发挥辐射引领作用，带动“‘1+X’证书”制度下教学团队专业化发展，努力构建“名优全”专任教师体系。

（五）完善考核评价方式

在“课证融通”的教学实践中，完善考核评价方式也是落实“1+X”制度的重要组成部分。教学评价实施过程中，对学生学习过程进行兼顾知识、技能、素养等多维度的评价，综合考虑以职业技能为重心的过程性、终结性评价，且可将终结性评价与职业技能等级考试结合起来，例如，通过技能证书考核可获得相应课程的70%的学分，无形中鼓舞了学生们的考证积极性，也进一步完善了课程体系的学分制度。

第六章 “1+X”证书制度下的计算机应用专业师资建设

与普通高等教育注重理论教学不同，中职教育注重对学生实践能力的培养，以掌握生产相关理论知识与技术为目标。这就必然要求中职教育教师队伍既需要拥有比较扎实的理论知识，又必须拥有丰富的实践经验，特别是企业生产一线专业实践经验。中职师资队伍必须立足市场需求，面向企业生产一线，结合职业岗位能力和岗位技能需求的“X”技能，将理论教学和实践实训有机结合，即中职教师需要拥有熟练的操作技能和综合应用能力。

第一节 师资建设与人才培养的关系

教育，从来都是与社会、经济和文化发展密切相关的。经济全球化和教育大众化时代的来临，给人才培养带来了新的挑战，经济全球化正迅速改变传统生产方式和管理理念，同时科学技术的迅猛发展使专业知识的有效期大大缩短。人才的知识和能力要素正在发生重大的结构性变化。教育必须既面向社会经济、又服务学生个体，既不能脱离专业教育、又不能囿于专业教育。为适应社会和经济发展的要求，学校如何创新人才培养模式，具有重要的现实意义。

一、人才培养模式概念

《国家中长期人才发展规划纲要》（2010—2020 年）把未来人才归为三类：一是创新型科技人才，二是经济社会发展重点领域急需紧缺专门人才，三是党政人才、企业经营管理人才、专业技术人才、高技能人才、农村实用人才等。从学术研究角度，一般学者都把人才分为两类：应用型人才和研究型人才。研究型人才，是指以探索未知、认识自然和社会、发现科学为已任的基础研究和应用研究的专门人才，即能够研究和发现自然界的一般规律的人才。应用型人才则是能够把已发现的一般自然规律转化为应用成果的“桥梁”型人才。关于人才培养，研究型人才和应用型人才在技能和能力发展的要求上有不同的侧重点。研究型人才主要侧重于烦琐的洞察能力和判断能力、丰富的想象力、较强的应变能力和开拓创新能力的培养。而应用型人才则主要侧重于行动的技能和能力、信息技能与能力、组织协调能力、沟通能力和实践操作能力的培养。

（一）人才培养模式

人才培养是学校的根本任务，不断提高人才培养质量，服务地方经济社会发展是学校的生命线和持之以恒的目标追求。党的十六大报告明确指出：“要全面贯彻党的教育方针，造就数以亿计的高素质劳动者、数以千万计的专门人才和一大批拔尖创新人才。”人才培养首先要确立目标，围绕社会需要，培养基础宽厚，专通结合，以具有市场竞争力为起点。构建社会需求—学校间的供求关系，学校—生源间的供求关系，联结生源的期望和社会需求，完成中间培养和转化的过程可以演化出多种模式。其核心是需求驱动型的培养模式，即需求导向—培养目标—培养模式—培养过程—评估与管理。

人才培养模式是在一定的思想或理论指导下，围绕人才培养目标所实施的教育活动而形成的人才培养的标准形式，或使人可以照着做的人才培养标准样式。人才培养模式就是造就人才的组织结构样式和特殊运行方式。人才培养模式包括人才培养目标、教学制度、课程结构和课程内容、教学方法和教学组织形式、校园文化诸要素。为鼓励和支持学校进行人才培养模式的大胆改革，教育部将人才培养模式创新实验区建设作为国家教育质量工程建设的重要内容，以倡导启发式教学和探究式学习为核心，推进教学理念、机制和体系的创新，努力形成有利于多样化创新人才成长的培养体系和培养基地。

（二）中职学校在国家人才培养结构体系中的定位

1. 基于人才培养类型与层次定位

科学社会学创始人贝尔纳 (John Desmond Bermal) 把人类活动分为科学、工程和技术等三类活动，进行科学活动的是科学家，进行工程活动的是企业家、工程师和工人，进行技术活动的是发明家、技师、技术工作人员。

严雪怡按培养人才的知识和能力目标，分为学术型人才、工程型人才、技术型人才和技能型人才等四类，分别对应学术性高等教育、专业性高等教育、技术教育和职业教育，这也是目前学界比较一致的看法。我国职业教育包含了技术教育，所培养的人才类型对应技术型人才和技能型人才。我国中职教育与高职教育在人才培养目标上既有类型上的高度一致，也有层次上的区别。众多学者将高职教育和中职教育人才培养目标分别定位于“技术型人才”和“技能型人才”，以“技能型人才”表达中职教育的“中等”特征，强调“技能型人才”必须具有够用的理论知识、中级水平的技术能力和可持续发展能力。姜大源指出，技能从层次上可划分为经验技能和策略技能，旨在掌握初级技能（经验技能）的职业教育属于中职教育，旨在掌握高级技能（策略技能）的职业教育属于高职教育。因此，中职教育应继续坚守其“技能型人才”的培养目标，并为学生实现终身学习及可持续发展做好准备。

2. 基于技术教育与人文教育定位

现代社会对中职教育的期待包括培养合格的从业者（含创业者）和合格的公民两个方面。前者由职业教育的本质属性决定，培养的人才必须能够服务社会；后者由教育的本质属性决定，兼顾学生综合素质的提升，培养的人才必须能够适应社会。现代职业教育强调学生"做人"与"做事"的结合。发达国家的经验表明，职业教育需要妥善解决技术知识和人文知识的冲突问题。1986 年，日本提出"人格本位"的职业教育模式，强调在经济全球化背景和终身学习思潮下，培养"全面发展的人"。1988 年，美国将社区学院仅注重于就业能力培养改变为注重个人终身持续发展方面，学生入学后需首先接受通识教育，而后才能研修专业课程。2002 年，韩国在职业教育目标中强调培养学生的民族文化精神，强化学生对家庭、社会的责任感和使命感。

纵观我国中职教育人才培养目标的演变历程，技术教育始终贯穿每个阶段。进入 21 世纪以后，随着"以人为本"理念的确立以及学生主体意识的增强，将中职人才培养目标简单地定位于培养"技术劳动者"，显然不适应时代发展的需要。在新的历史时期，中职教育应引导学生树立社会主义核心价值观，进一步丰富学生的人文素养，实现学生的全面发展。

3. 基于就业与升学双重导向定位

进入 21 世纪以后，我国中职教育一方面强调以就业为导向，另一方面强调扩大中职毕业生进入高等学校尤其是进入高职院校继续学习的比例。以就业为导向的人才培养目标，强调中职毕业生能够满足企业等用人单位的需求，注重学生的技术应用与操作能力提升；以升学为导向的人才培养目标，强调中职毕业生能够适应对口升学高校的需求，注重学生的继续学习能力。可见，中职教育人才培养目标存在"准工人"与"准大学生"的差别。

随着科学技术的快速发展，用人单位对应聘者的学历要求越来越高，多数中职学生已不再满足于获得一个工作岗位，更希望获得继续学习的机会。

丁良南对常德市 5 所中职学校学生的升学意向调查结果表明，有 68.8% 的中职学生将升学作为毕业后的选择。1999 年，联合国教科文组织将职业教育的功能界定为职业准备的手段和终身教育的组成部分，中职教育既是就业准备教育，也是为学生适应职业变化、继续学习或接受高等教育的基础教育。从国际视野审视，发达国家的职业教育也具有就业、升学的双重目标。因此，我国中职教育承担着学生就业、升学的双重培养任务，既要注重学生就业能力的培养，也要重视提升学生的继续学习能力。

4. 基于生源多元变化的现实定位

步入 21 世纪以后，我国进入"后人口转变时期"，由于应届初中毕业生逐渐减少，普通高中招生比例相对增加．中职学校出现了"招生难"问题。在这种情况下，各地中职学校实行了"注册入学"制度，开始大量招收往届初中毕业生、高中毕业生以及退役军人等，中职生源结构呈现多元趋势。

中职教育应遵循教育的一般规律，顺应民众的价值追求。目前，我国中职学生的价值追求可分为五类：一是因家庭贫困而选择就读中职学校，减免学费，减轻家庭负担，实现顺利就业的；二是因文化基础较差、未达到高中录取分数而选择中职学校，毕业后能尽早步入社会的；三是家长为防止学生直接步入社会出现意外，强迫其进入中职学校，认为中职学校能提高学生的综合素质的；四是通过中职学校考入高等院校继续深造，实现学历追求的；五是希望通过接受中职教育习得一技之长，顺利实现就业或再就业的。中职教育应"因生制宜"，确立人才培养目标，最大限度地满足学生多元化的价值追求。

二、师资队伍建设

（一）师资队伍的含义

师资队伍是指学校中承担教学工作教师的构成状况，主要包括师资队伍成员的个体素质情况和师资队伍的整体结构情况两方面。教师的个体素质包括教师个体的思想道德素质、文化素质、身体素质、心理素质等。师资队伍结构包括年龄结构、学历结构、职称结构和学缘结构等。

师资队伍建设就是学校运用有效的用人机制和科学的管理手段优化师资力量和师资队伍结构，使之与学校自身的实际需要和发展相适应。学校教师队伍建设的内容主要有三个方面：一是教师的选拔与配备；二是教师的培养与提高；三是教师的使用与管理。一流的大学必然有一流的师资。原哈佛大学校长博克教授曾指出，"学校的名誉主要取决于学生的质量，更主要取决于教师的水平。"师资队伍水平作为学校教育质量和学术水平的决定性因素，在办学中的地位和作用已被公认。

（二）师资队伍转型发展的新要求

2014 年 2 月 26 日，国务院召开常务会议部署"加快发展现代职业教育"，会议特别提出引导一批普通本科高校向应用技术型高校转型。这项举措将有利于扭转目前一些普通高校定位不清、只求规模的现状，引领社会摒弃一提职业教育就觉得是低档次的陈旧教育观念，提出学校人才培养的模式必须创新，深化教育改革，搭建实践平台，产教融合，合作育人。

培养符合国家产业升级的高技术技能型人才，学校就必须构建一支思想政治素质硬、科学理论水平高、生产实践能力强、数量和能力结构科学合理的、与地方、行业企业发展紧密结合、与建设高水平特色应用技术学校相适应的师资队伍。一方面，这支教师队伍要能扎根地方和面向行业，善于解决生产实际问题，服务地方和行业企业的能力强；另一方面，这支教师队伍要做到理论联系实际，实践教学能力强，传道授业水平高，适应现代教育培养应用型人才需要。

师资力量的建设是教学质量的关键，那么究竟应该建设一支什么样师资队伍？无论是实践，还是理论，已经达成了一个基本的共识，"1+X"型是教师队伍建设的着力点和方向。"1+X"型教师不仅要有一定的专业文化理论知识，而且必须拥有较丰富的专业实践经验，熟悉企业生产环境，了解企业运作过程，掌握企业组织管理方式的职业素质，从而具备从事职业教育教学的能力。

关于"1+X"型教师的界定有多种说法，一是"双证书"说，即持有"教师资格证"和"职业资格证"的教师就是"1+X"型教师；二是"双职称"说，即具有讲师职称又具有工程师职称的，就是"1+X"型教师；三是既具有作为教师的职业素质和能力，又具有技师（或其他高级专业人员）的职业素质和能力的专业教师，就是"1+X"型教师；四是教师是能力之师，教师既能讲授专业知识，又能开展专业实践；教师是素质之师，既能引导学生人格价值、又能指导学生获得与个人个性匹配的职业，具备这种素质的教师就是"双师型"教师；五是就个体而言，教师是"1+X"型的，每个教师都要具备"'1+X'素质"；就群体而言，教师必须是一个教学团队，这个团队由学校专任教师和企业兼职教师两部分组成，是工学互动的。教学团队的整体结构是专业理论教学（以专职专任教师为主）+ 实践课教师（以企业兼职教师为主）+ 互动交流平台（以专业标准和课程计划为主）。师资队伍建设的目标为形成一支学历层次高、职称结构和学缘结构合理、老中青结合、"1+X"结构优化、专兼结合的专业教学团队。高水平的教师队伍，从其作用和功效来看，就是指一所学校内师资队伍整体教学水平高，科研创新能力强，师德修养好。

三、师资队伍对人才培养的影响

学校的生存与发展，关键在于人才培养质量，而人才培养质量的关键又在于师资队伍的质量，师资队伍是提高人才培养质量的决定性因素，教师队伍的建设是教学质量的生命线，师资队伍建设主要从以下几个方面影响人才培养质量。

（一）制订高质量的人才培养方案，奠定人才培养基石

一个好的人才培养方案有利于学校在人才培养方面把事情做对，进而把事情做好，科学的人才培养方案是高素质技能型专门人才培养的基石。一支结构合理、训练有素、高水平的师资队伍能洞察行业的发展趋势和专业的市场需求，能在市场需求分析的基础上准确地进行专业面向的岗位定位，能科学地分析岗位的主要工作过程，进而提炼出其主要的工作任务，并能科学合理地将工作领域转换成学习领域，从而制订出高质量的人才培养方案。优秀的教师队伍能科学地分析出专业的课程体系和课程内容的逻辑思路，能正确地把握课程设置的科学性和均衡性，能合理地谋划和建立实践教学体系和实践教

学基地，能科学地提出专业素质教育的措施和办法，从而有效地提高学生的知识水平、能力水平和素质水平。高质量的人才培养方案的制订离不开高素质的师资队伍的建设，科学的人才培养方案是人才培养质量提高的基础。

（二）编写高质量的教材，为人才培养提供有力保障

人才培养靠"三材"：一是人才、二是教材、三是器材，其中人才即师资力量是关键，有了高水平的师资队伍才能编写出高质量的教材，从而为高素质的技能型专门人才培养提供有力的保障。由于历史和师资原因，我国中职学校教材存在理论化过重的倾向，重视理论知识的介绍，轻视知识技能的培训，缺乏可操作性。这些教材大多数是由一些本科院校的教师编写而成，脱离实践，不能体现第一线尤其是基层岗位对毕业生的知识和能力的要求，一支高水平的师资队伍能够深入经济建设第一线，调查专业面向的岗位，熟悉专业岗位的生产过程，熟悉专业学科及课程的知识和能力，熟悉中职学生的特点，他们从职业岗位上总结知识，形成技术和方法，最终编写教材，真正做到教学内容职业化，与相应职业岗位对接，学生毕业就能上岗。由此可见，师资队伍建设与教材的科学性、针对性和适用性息息相关，没有高水平师资队伍就没有高质量的教材，进而就直接影响人才的培养质量。

（三）打造优良学风，促进高质量人才培养

教风是指教师在教学、科研和工作过程中所表现出的思想、态度和作风，它是教师的思想文化素养和人格修养的综合体现。教师对学生言传身教，有什么样的教风就有什么样的学风，一支高水平的师资队伍，教师知识渊博、教学理念先进、责任心强、治学严谨、考试严格、既教书又育人、教学方法科学、教学效果良好，必然会使学生学习态度端正、做人做事脚踏实地精益求精、做实事、讲真话、学习考试认真、一丝不苟、知识架构牢固、肯动手、不怕吃亏不怕吃苦，人才培养质量必然提升到一个较高的水平。加强师资队伍建设，形成良好的教风，进而形成良好的学风和校风，将会大大提高人才培养质量。

（四）灵活采用教学方法，提升人才培养质量

一般地，教学方法有灌输式教学方法和启发式教学方法。常用的课堂教学法有：案例分析、专题研讨、角色扮演、情景剧、模拟公司系列实训、课堂宣讲、岗位见习、自我评估、管理游戏、校园体验、项目式教学与策划案撰写等。众多的教学方法关键在于灵活运用，才能取得良好的教学效果，从而提高人才培养质量。一支素质不高的师资队伍，要么不会使用众多的教学方法，要么只能生搬硬套，不能灵活运用，不能结合课程的实际、专业的实际、知识和能力的实际，使学生不知所云、不知所往，教学效果大打折扣。一支高素质的师资队伍能够从专业实际、课程实际、知识和能力点的实际、学生的实际、教学条件的实际出发，科学地进行教学设计和灵活地运用教学方法，从而使学生做到融会贯通，起到事半功倍的效果，大大提高人才培养质量。因此，加强师资队伍的建设，培养一支高水平的师资队伍，将有利于灵活运用各种良好的教学方法，进而快速提高人才培养质量。

（五）完善知识架构，提高学生发展潜力

毕业生不仅应成为其专业领域的操作手，而且应该具有发展后劲，对其从事的专业领域不仅要知道怎么做，而且还要知其然，这就要建立良好的知识架构。一支高水平的师资队伍熟悉专业教学规律，知道各门课程的逻辑关系和知识点技能点的取舍与衔接，知道各门课程的重点和难点，熟悉各门课程的知识架构，知道哪些内容该讲，哪些内容不该讲，从而有利于学生课程知识架构的形成乃至专业知识架构的形成。因此，建设一支高素质的高职师资队伍，将有利于建立学生良好的知识架构，从而提升毕业生的质量和发展后劲。

（六）科学实训设计，提升学生综合素质

一支高水平的师资队伍能科学地设计专业的单项能力实训、模块能力实训和综合能力实训，能有效地开展校内实训和校外实训，能切合实际地组织学生进行认知性的实训和知识迁移性的实训，能做到以工学结合为主体、辅之以研学结合和赛学结合，能科学地安排高职学生的生产实习、顶岗实习和综合素质训练，从而大大提高中职学生研究问题的能力和动手能力。因此，学生素质和能力的提高离不开高水平的师资队伍的建设。

（七）言传身教，促进学生全面发展

高水平的师资队伍，教育观念新、职业道德好、知识面宽、教学水准和学术水平高、创新精神和实践能力强，他们关爱学生，和学生交朋友。这些教师言传身教，既教书又育人，他们引导学生学习，引导学生生活，引导学生进行职业规划，引导学生树立正确的人生观和世界观，引导学生成才，引导学生成人。加强高水平的师资队伍的建设，将会对学生健全人格的形成，综合素质的提高产生极其深远的影响。

（八）建立实训基地，助力学生快速融入职场

高水平的师资队伍能做到教学、科研、社会服务相结合，通过科研和下厂锻炼熟悉行业和市场，专业面向的市场需要什么老师就教什么，为学生融入社会、融入职场打下坚实的基础。通过社会服务与企业建立良好的关系，从而建立校外实训基地，让学生课程实训、生产实习、顶岗实习有一个对口的校外场所，从而提高人才培养质量。建设一支教学、科研、社会服务一体化的师资队伍，能根据市场需要安排教学内容，能让学生在真情实境下得到训练，能培养合格的符合市场需要的应用型人才，能大大提高学生的就业能力。

第二节 "1+X"证书制度下的计算机应用专业师资建设的现状及问题

一、"1+X"证书制度下的计算机应用专业师资建设的现状

（一）师资队伍整体素质提升

在"1+X"证书制度下，计算机应用专业的教师队伍整体素质得到了显著提升。许多教师不仅具备扎实的理论知识，还通过参加各种培训和认证考试，不断提升自己的专业技能和实践能力。这种双师型教师的培养模式，使教师既能胜任学术教学，又能指导学生进行实际操作和项目实践。

（二）教师资格和认证情况

随着"1+X"证书制度的推行，教师在职业资格认证方面的要求也不断提高。许多计算机应用专业的教师积极参加各种职业资格考试，如Java认证、网络工程师认证等，通过获得相关证书，提高自身的专业水平和教学能力。这不仅增强了教师的个人竞争力，也提升了整个师资队伍的质量。

（三）教师继续教育和培训

为适应"1+X"证书制度的要求，许多中职学校加强了对计算机应用专业教师的继续教育和培训。学校定期组织教师参加行业内的专业培训、技能竞赛和学术交流活动，帮助教师及时更新知识，掌握最新的技术动态和教学方法。这种持续的培训和学习，能够确保教师的知识和技能始终与行业发展保持同步。

（四）教学方法的改进

在"1+X"证书制度的推动下，计算机应用专业的教学方法也在不断改进。教师们不仅注重理论知识的传授，还更加注重学生实践能力的培养。例如，通过案例教学、项目教学和实训课程，教师能够帮助学生将理论知识应用于实际问题的解决，提高他们的动手能力和创新思维。

（五）校企合作的深化

为了更好地实施"1+X"证书制度，许多职业学校积极与企业合作，共同培养专业人才。教师不仅能够了解行业需求和最新技术，还可以邀请企业的专业技术人员到校授课，或带领学生到企业进行实训。这种校企合作的深化，不仅丰富了教师的教学内容，还为学生提供了更多的实践机会和职业发展路径。

（六）教学资源的优化

随着"1+X"证书制度的实施，计算机应用专业的教学资源配置也得到了优化。学校加大了对教学设备和实验室的投入，购置了新的计算机硬件、网络设备和软件工具，创建了先进的实训基地。这种教学资源的优化，为教师开展高质量的教学和实训提供了有力支持，提升了整个专业的教学水平。

二、"1+X"证书制度下的计算机应用专业师资建设的问题

在"1+X"证书制度下，计算机应用专业的师资建设尽管取得了显著成效，但仍面临如下的一些挑战。

（一）教师职业资格证书获取难度

要求教师具备相关职业资格证书，但这些证书的获取难度较大。许多教师在准备职业资格考试时，需要投入大量的时间和精力，这对他们的教学工作造成了一定的压力。此外，一些教师可能缺乏相关的行业经验，使得他们在通过职业资格考试时面临更大的挑战。

（二）继续教育和培训资源不足

虽然许多学校重视对教师的继续教育和培训，但在实际操作中，相关资源仍然不足。许多教师反映，继续教育和培训的机会有限，培训内容不能完全满足他们的需求。此外，一些培训课程质量不高，内容与实际教学和行业需求脱节，导致教师在培训后难以有效提升自身的教学能力和专业水平。

（三）教师工作负担重

在实施"1+X"证书制度的过程中，教师的工作负担显著增加。他们不仅要完成正常的教学任务，还需要进行职业资格考试的准备、参加各种培训和实训活动。这种多重任务的压力，使得许多教师感到疲惫，影响了他们的教学效果和职业发展。

（四）校企合作不够深入

虽然校企合作在"1+X"证书制度下得到了加强，但实际操作中，许多合作仍然停留在表面。一些企业与学校的合作主要集中在实训基地的建设上，而在教师培训、课程设计等方面的合作不够深入。教师难以通过校企合作获得实质性的行业经验和技术支持，这限制了他们教学水平的提升。

（五）教学资源配置不均

在一些学校，计算机应用专业的教学资源配置存在不均的问题。部分学校的实训设备和教学资源较为落后，难以满足"1+X"证书制度的要求。此外，一些学校在教学资源的投入上存在不平衡现象，教师难以获得足够的资源支持，影响了教学效果和学生的学习体验。

（六）教师职业发展路径不清晰

教师的职业发展路径变得更加复杂。许多教师对自身的职业发展方向和目标感到困惑，缺乏明确的职业发展规划和指导。这种职业发展路径的不清晰，影响了教师的职业成长和自我提升。

（七）缺乏实践经验

许多计算机应用专业的教师在实际操作和行业实践方面经验不足。虽然他们具备扎

实的理论知识，但在实际教学和项目指导中，缺乏足够的实践经验和技能。这种理论与实践脱节的现象，使得教师在培养学生实际操作能力和职业素养方面面临一定的挑战。

（八）考核评价机制不完善

教师的考核评价机制需要进一步完善。目前的考核评价机制往往侧重于教师的教学任务完成情况和职业资格证书获取情况，而对教师的实际教学效果、学生反馈和职业发展支持等方面关注不够。这种考核评价机制的不完善，影响了教师的工作积极性和教学效果。

第三节 计算机应用专业师资队伍建设的内容

师资管理工作的内容很多，主要包括：对教师进行认真选拔、补充、培养、考核、晋升、奖惩、调整以及交流，做到合理地、科学地安排和使用人才；为教师的培养成长，以及智慧与才能的充分发挥努力创造必要的条件；按照中职学校师资队伍建设的目标要求，建设一支适应教育事业要求的师资队伍。以上三项内容各自独立又相互联系，相互渗透，最终综合表现在师资队伍建设工作上，故本节主要阐述师资队伍建设的内容和要求。

一、提高教师思想素质

韩愈的《师说》提出："师者，所以传道受业解惑也。"不管什么时期什么制度的国家，教师都以自己的世界观影响学生。我们是社会主义大学，学校的教师不仅要传授知识，开发智力、培养人才，为物质文明建设作出贡献，同时教师又是精神文明的传播者和建设者，师资管理工作要重视思想、政治工作，使广大教师坚持走社会主义的道路。

第一，在塑造社会主义建设者中发挥人类灵魂工程师的作用，在文化修养、思想境界、道德情操等方面都真正成为教育对象的表率。

第二，在师资培养中要重视对教师良好内在品格的了解、发掘和培养。科学征途没有平坦的道路，教师成功的要素，除具有某一专门领域的知识和技能外，更主要的是具有调节知识技能的概括性的心理活动系统，这也属思想素质范畴。

第三，在教师队伍中形成良好的学风是学校的一项基本建设，因此，一方面，要继承发扬我国老一辈科学家、教育家热爱祖国、治学严谨、艰苦奋斗的优良传统；另一方面，应大力提倡解放思想，实事求是，勇于探索，勇于创新，坚持真理，修正错误的优良学风。

二、提高教师业务素质

教师的业务素质包括文化素质和能力素质，这是教师素质结构的核心要素，是教师从事教育教学工作所必需的最基本的条件。教师应具有精深的专业知识，广博的文化知识与教育科学知识，要具有教育能力以及专业技能。一个“道之未闻”“业之未精”“孤陋寡闻”的教师怎能“传道”“授业”“解惑”呢？因此，师资管理工作，一方面要提高培养教师的业务素质，另一方面要注意不同学科不同职务对业务素质的不同要求。根据目前的师资状况，在师资队伍建设中应强调重视能力培养。教师主要应具备如下能力。

（一）教育能力

1. 了解学生的能力

学生是教育的对象，善于了解学生是教师完成教育工作任务、实现教学目的所必备的重要能力。其特点为：热爱青年，易于接近，严以律己，与人为善，细微深入，迅速准确，全面客观。

2. 语言表达能力

语言是教师表达思想、传授知识、传播文明、启迪学生智慧、塑造学生心灵的最基本的工具和最重要的桥梁。教师表达能力的强弱，直接关系到教育、教学工作的效果。其要求一般是准确明晰，具有科学性；简洁精炼，具有逻辑性；生动活泼，具有形象性；通俗易懂，具有大众性；抑扬顿挫，具有和谐性。

3. 教育机智

教师在教育活动中的机敏性以及处理突发事件的应变能力也是很重要的。教师处理事情主要是善于引导、敏于应变和恰于分寸。

4. 自我调控能力

自我调控能力主要包括两个方面：一是根据客观需要调控自身主体结构的能力，主要是随着科技、生产的发展，要有自学能力，及时更新知识、调整知识结构的能力。二是调控自身的心境情绪和情感的能力，以愉快乐观、发奋向上的精神状态影响学生。

5. 组织能力

教师的组织能力在教育教学工作中起着一定程度的决定作用。具体包括：制订教育教学计划的能力，组织加工教材的能力，组织管理课堂的能力，组织学生活动的能力（包括课堂、实验、实习等）。

（二）专业技能

虽然不同的学科，不同类型的学校，有着不同的要求，但是国家一直强调重视实践环节，强调动手能力的培养应是适应所有学科的。由于受“重理论轻实践”的思想影响，目前，教师尤其是青年教师的动手能力较差的问题较为突出，明显影响教学质量和培养人才的水平，应引起足够的重视。

三、优化教师队伍结构

教师队伍结构是衡量教师队伍质量的一个综合指标，其结构可分为年龄、性别、学历、职称等不同类型，其中以年龄、学历、职称结构为主。

（一）年龄结构

年龄结构指教师整体中不同年龄教师的构成比例。年龄不仅是一个人生理功能的标志，也是一个人知识积累多寡、智力发挥高低的标志。根据教学需要，在一定编制内老、中、青三者应有一定比例，使队伍中既有经验和阅历丰富的老年教师、也有年富力强的中年教师，还有思想敏锐的青年教师，三位一体可发挥整体的最佳效益，使事业发展后继有人。最佳比例应为多少，目前没有一个法定的数字。根据对学校的调查，大多数认为以 3∶3∶4 或 2∶4∶4 为宜。具体到每个学校因情况不同而不应划一。目前全国学校普遍存在中年教师比例过小的现象已引起大家重视。

（二）学历结构

学历结构指不同学历（或学位）教师的比例。学历代表曾接受正规教育的程度，是衡量一个人能力和知识的标准之一。一般来说，在教师队伍群体中，拥有高学历的人数比例越大，群体的业务基础越好。世界上一些科学文化比较发达的国家都比较重视"高学历"，尤其在师资队伍建设上更是如此。例如，德国的中职教师需要完成高等教育，通常需要获得硕士学位，并且需要通过严格的教师资格考试。美国的中职教师也需要具备高等教育学位，通常是硕士学位，并且需要通过州政府的教育考试。截至 2022 年，我国中职学校本科及以上学历专任教师占比 94%，研究生及以上学历专任教师占比 41%，经过坚持不懈的努力，长期以来职业学校专任教师学历不达标的问题得到有效解决。

（三）职称结构

职称结构亦称"职能结构"，指教师中初、中、高各级职务（职称）的比例。这是衡量教师群体素质状况的尺度之一。在高校教师职务结构中，教授、副教授、讲师、助教之比有倒金字塔型、卵形和金字塔型三类，其结构模式哪种为佳，尚待研究。目前，我国有的主张教授∶副教授∶讲师∶助教为 1∶3∶4∶2；有的主张高职∶中职∶初职为 2∶4∶4，对此没有统一的看法。笔者认为，一个学校教师队伍的职务结构是否合理，最基本的是看教师的职务结构是否与承担的教学科研任务相适应。适应则合理，否则不合理。随着教学科研要求、任务的变化，其比例也应相应变化。

（四）性别结构

性别结构指男女教师的比例。性别结构在教师结构中不占重要地位，只是部分专业有特殊要求。

（五）学缘结构

学缘结构，此结构反映教师所毕业学校的情况。在师资管理工作中要尽可能使教师来源更广泛，这样可吸收各方面教学经验和教研成果，避免"近亲繁殖"。

结构优化是个复杂的"建设"过程．它不完全由主观愿望决定，外界影响作用较大。这更要求师资管理部门应始终不渝地把群体优化放在重要地位。

四、学术梯队的建设和学科带头人的培养

（一）学术梯队的建设

现代科学发展的特点是既高度分化又高度综合，自然科学与社会科学相互交叉，相互渗透。个人努力已不能适应科学形势的发展，而需要集体的共同努力。因此，师资培养在着眼于个人培养的同时更要重视学术梯队建设。

学术梯队指由老、中、青三部分教师组成具有合理人员结构的学术群体，其能力结构和年龄结构方面应有合理组合，具体指：

第一，要求老、中、青三部分教师组成，不仅使该群体年龄有不同层次，更重要的是使该群体由学术造诣高深，基础雄厚的老教师，和具有强烈事业心和责任感，学术造诣较深，勇于进取的中年教师，以及思想敏锐，接受能力强的青年教师，构成合理组合。

第二，合理结构的要求主要体现在：一方面，有合理的知识结构，一般是 2：5：3 较为合理；另一方面，在智能结构上要求有不同特点和水平的"识""才"的人有机地组合在一起，充分发挥每个人的作用，互相取长补短、通力合作，提高适应性，提高工作效益。这里还必须指出学术梯队的结构不是一成不变的，它始终处于一种动态管理之中，随着学科发展、社会需要以及组成人员的实际水平的提高将不断得以调整、补充。

（二）学科带头人的培养

学科梯队建设的关键是选拔和培养学科带头人。一个学科若缺乏出色的带头人，这个学科将难以形成自己的特色，影响其发展的前景。学科带头人应该在某一学科领域内成为其余教师的表率和领路人，不仅亲自参加教学、科研的实践，而且要能团结和带领一班人共同在教学与科研中创新突破，夺取具有国际国内先进水平的重大成果。在选拔学科带头人时要克服论资排辈、平均主义和求全责备等片面思想，坚持按政治素质、学术水平、业务能力与治学精神四方面进行全面衡量。学科带头人的具体条件如下。

第一，坚持四项基本原则，事业心和责任感强，学风正派，治学严谨，具有一定的教学、科研组织能力。

第二，在本门学科（一般指二级学科）领域内，有宽广而扎实的理论基础和丰富的教学科研经验；能开出两门以上课程，在其中一门课程中有自己的科研成果；熟练地掌握一门以上外语及必要的治学工具；有长期而稳定的科研方向，能够及时掌握国内外该学科发展动向，并具备赶超国际先进水平的能力；有系列的论文和专著，在国内同行中有一定声望；能指导博士研究生。

第三，身体健康、精力充沛，年龄一般应在 55 岁以下，今后应逐渐降到 40~45 岁。

第四，具备较好的内在品格，如思维敏捷，善于选择目标，并能为之坚韧顽强地去努力工作。

新建院校在没有理想的学科带头人的情况下，可从选拔学科骨干开始。学科骨干的条件除了必须具备的政治素质和内在品格外，在业务上至少应具备能开两门课，教学效果良好，能独立进行科研工作并取得一定成果等条件，并能运用一门外语，顺利阅读专业书刊。

师资管理部门在学科带头人的培养工作中，主要抓选苗、抓计划、抓出成果，为教师提供必要的人力、物力、财力、环境等条件，进行生动、及时、有效的思想政治工作，使他们在工作实践中迅速形成学科梯队。学科梯队一旦形成，必须保持人员的相对稳定，不经学科领导人同意不要轻易调动。对学科带头人除了为其优先提供图书资料、仪器设备等物质外，还应尽可能减少其行政与社会工作以及各种杂务，保证其主要精力用于从事教学和科学研究工作。

五、建立和完善师资管理制度

自中华人民共和国成立以来，各学校在师资培训工作方面都做了不少工作，取得了显著成绩。尤其步入20世纪80年代后，"管理"作为一门科学受到重视，促使师资管理工作进入了一个新的阶段，科学化、制度化、规范化的管理水平不断提高。

（一）业务提高制度

业务提高制度的科学性取决于必须符合大学教师成长的规律。经对国内外有关资料分析，教师从任教到退休，大致需经历四个阶段。不同阶段的特点不同，师资培养、提高的制度、方法也相应不同。

1. 明确方向，调整、充实知识结构阶段

这个阶段一般长达5年。青年教师刚到学校任教，这时首先是需要根据客观的需求和个人的实际，确定其主攻的方向，充实与调整其知识结构。在此阶段，系、教研室负责人或老教师要对他们进行各方面的指导。为了加速新教师的成长，可建立和完善以下制度。

（1）新教师开课申请、批准制。大学刚毕业的青年教师一般不安排上课，而应承担两年实验室或理论课的辅导答疑等助教工作，目的是打好基础，提高业务水平。然后，有计划地试教两次以上，或先担任一部分教学任务。此时，要组织教研室教师听课，并及时评课，待确认其具备了开课条件，由教研室填写"青年教师开课申请表"，经系务会议讨论通过，报教务处备案后，才能获得开课资格。

特殊情况下因工作需要，有的课程如公共外语、数学、体育、美术等，需要刚毕业的青年教师独立担任一门课的教学时，应确定指导教师负责经常检查教案，听课，直至具备讲课条件时，再填写"青年教师开课申请表"，经教研室、系同意，报教务处备案。

（2）导师制。青年教师业务素质的提高集中表现在过好教学关和科研关。为了缩短这一过程，可由教研室根据教学、科研规划指定一名治学严谨、学术造诣较高的老教师为指导教师，由指导教师负责制订或审定进修规划和年度计划。为了激发双方的积极性和责任感，还可以进一步采取“合同制”。双方签订合同，明确各自任务，定期由系、教研室负责检查计划执行情况。学校为了鼓励“老带新”可设立“师徒奖”，对进修任务完成较好，成绩显著的给予鼓励，充分肯定双方的成绩。

（3）学分制。中职学校教师的职称晋升制度通常沿袭高职院校和本科院校。这大大脱离了中职学校的实际情况。从实际需求看，中职学校教师的职称晋升制度完全可以参考工程师晋升制度，综合技能考试、理论学习、平时课程等多项数据。例如，规定本科毕业的助教在5年内修完四门硕士课程，包括两门专业课，一门专业基础课，一门外语，共计14学分。一般情况下，专业课和专业基础课由系组织专家、教授讲课和辅导，外语由学校统一办班。经教务处严格组织考核，合格者可承认其获申请中级职称的资格。在本校指导力量不够的情况下，少数教师可以到外校随硕士班听专业课或专业基础课，并参加考试，取得合格成绩。实践证明这个制度有利于调动青年教师的积极性和稳定教师队伍。

（4）补修教育理论。学校教师来自师范或非师范院校。非师范专业毕业的教师在校学习时，没有学过教育理论课程，这对他们从事教学工作在短期内有一定影响。为了使他们尽快胜任工作，各校的经验证明，必须补修教育理论。可举办教育理论进修班，使他们通过学习，掌握理论，指导实践，提高教学能力。为了促进这方面素质的提高，应与评职称条件挂钩。

2. 知识能力上升，进入创造阶段

此阶段一般为5年。进入此阶段，理科教师早些，工科次之，文、医科迟些。此阶段是知识能力上升最快，并且也是开始出成果的阶段。系、教研室负责人要创造条件让教师迅速获得该学科的最新信息，扩大他们学科上的时空观。为此，应安排他们主讲一门课或参加重大科研课题，使之在实践中锻炼提高。此时期，教师必须注意避免忙于上课或完成科研任务，而忽视总结提高，故应规定每年必须要认真总结，写出书面材料，同时应规定每位教师在公开杂志上发表的论文数。

3. 出人才，出成果阶段

一般从30岁左右到50岁左右是出人才出成果阶段。1978年曾有人对全世界获诺贝尔奖的325位科学家作年龄分析，证明30~50岁是最佳年龄组，占获奖人数的70%。

为了充分发挥教师最佳工作状态的作用，使其加速成才，学校应做到：一是必须委以重任，即加重他们的科研任务，承担乃至主持重大研究课题。让他们担任难度较大的课程教学或新开课程，负责培养研究生以及主持学科梯队或开拓新的学科。二是重视再提高。这阶段的教师在业务上已有一定基础，是教学科研的骨干，但社会在前进，科学在发展，要使教师适应发展的需要，在重点培养青年教师的同时，要重视中老年教师的业务素质的再提高。一方面，可根据各人的条件，创造机会安排出国考察，参加国内外重要的学术会议，与国内外著名学者进行学术交流；另一方面，根据任务需要，给他们业务休假，进修本学科最新知识以及相关的知识与技能。

4. 总结阶段

教师一般到了 55 岁以后，受自然规律的影响，创造性成果不多，但在教学或专业方面都积累了十分丰富的经验，为此师资管理部门应有计划地发挥他们在教学中的骨干作用和科学研究中的指导作用。一方面，给他们配备助手和创造其他条件撰写专著或主编高质量的教材；另一方面，总结老教师的丰富教学经验，包括治学方法，将其传授给青年教师和研究生，还可指导教师选择科研课题等。

（二）思想素质培养

“为人师表”意味着教师在政治思想、情操各方面都应是学生的榜样。教育者应先受教育，教师政治思想建设主要是强调使教师把握住正确的政治方向和具备高尚的师德。对此可相应建立有关制度。

1. 有关教师政治纪律的规定

根据社会主义精神文明建设和培养社会主义事业接班人的要求，结合学校实际，对教师在教学、科研中坚持正确的政治方向提出明确要求，社会科学的系、室负责把好教材、教案的政治关。为促进教师自觉维护政治纪律，院校在评比先进和考察、晋升中都要把维护政治纪律作为首要条件。

2. 安排青年教师下基层锻炼

青年教师具有接受能力强，但对国情了解不够，缺乏社会实践经验的特点。在师资队伍建设中，必须积极贯彻落实国家教委相关要求，有计划地采取多种形式安排青年教师下基层锻炼一年，如参加“社会基层实践”，到工厂、下农村锻炼等，使青年教师了解国情民情，坚持社会主义方向，坚定走共产主义道路的信念。为了保证下基层锻炼制度，首先，要端正认识，克服下基层浪费时间、荒废学业的片面思想；其次，可规定将是否下基层锻炼作为取得评审“中职”资格的条件之一。

至于下基层的方式，尤其是下农村，不能采取过去的方式，而应采取适应农村经济体制改革的新途径。根据有些学院的经验，建立锻炼基地或事先联系确定一个县作为锻炼地点。首先，院校与县政府商量把青年教师安排在县内有关单位，然后由单位负责安排锻炼任务。这里必须指出的是青年教师到县城后，必须向当地政府说明学校对教师下基层锻炼的具体要求，如深入乡、厂的时间。一定要超过半年以及在下基层的一年中必须参加一个月以上的体力劳动等，避免长期坐机关。同时，要建立临时党团组织，院校定期检查、考核，最后每个人都要作出书面总结，归入档案。

3. 有计划组织教师参加社会调查

这不同于下基层锻炼，这是结合教学计划内的课程或专门组织教师围绕一个中心问题进行调查、访问，使教师了解社会，了解经济，了解工、农，树立正确的观念，纠正一些模糊思想，在政治上更成熟。这对文科教师尤为重要。

（三）教研室活动制度

教研室是学校教学、科研的基层单位，培养师资是教研室的主要任务之一。有计划地开展教研室活动，发挥整体效应，是实现师资培养规划和年度计划的重要途径。要取得理想的效果，必须建立健全教研室活动制度，主要体现在以下方面。

1. 严格活动制度

明确规定教研室活动时间，一般每周进行一次。必须严格执行，并且要有考勤，有记录。

2. 认真制订教研室活动计划

根据教研室教学、科研任务和教研室教师实际情况，认真安排一年内的教学专题研究，教学和"教书育人"经验交流以及科研报告、学术交流等活动。

3. 坚持集体备课

这对公共课或青年教师较多的课程尤为重要。采取共同讨论教学目的和课时安排，或分任务重点备课的方式，逐课由一人发言，讲述备课的主要内容、教法，然后互相研究课程的重点难点，最佳的教学方法，乃至实习和作业内容等问题。不仅有利于促进教学质量的提高，也有利于师资业务素质的提高。

要使教研室活动制度真正发挥作用，首先要有一位工作认真负责，有一定业务水平，热心于社会工作的教研室主任；其次要认真检查、考核各人的进修计划执行情况和教学实践，及时表扬先进，促进后进，使全组人员共同提高。

（四）考核和业务档案

遵守规定："学校应该定期对教师进行考核和在考核的基础上逐步建立、完善教师的业务档案，是师资管理中的基础工作，对全面评价和合理使用教师和推动师资队伍建设工作起着重要的作用，一定要使其制度化。"

1. 考核

考核一般有三种：

（1）教学、科研、进修等具体项目或环节的考核（评定）；

（2）定期的（一般是一学年一次）政治与业务的全面考核；

（3）教师职称评定前的考核。在具体工作时要把三者结合起来。

通过考核可以了解各类教师的教学、科研水平，工作实绩，工作态度等，以达到总结经验、吸取教训，摸清情况的目的，为提职、晋级提供依据，为师资队伍建设中有效培养和合理使用教师，正常流动和建立科学的管理制度打下基础。这样做有利于调动广大教师的积极性，促进教学、科研、开发、咨询等工作的顺利完成，逐步形成一支结构合理，人员精干的师资队伍。

考核内容主要有三个方面：第一，政治表现。主要考核教师的思想政治表现、道德品质和工作态度，特别要重视教书育人，完成本职工作的情况。第二，业务水平。主要考核教师的教学、科学研究工作的业务水平和创新精神及其能力。第三，工作业绩。主要考核教师在教学、科研等各项工作中的实际贡献。对兼任党政工作的教师，还要考核其在所担任的工作中的管理水平与工作成效。依据职称与责任相符的原则，对不同职称教师的要求，除政治要求统一外，在业务水平与工作成绩的考核中都应不同。职称越高，要求越高。为了使考核工作真正起到促进作用，可试行《教师工作规范》，以此作为教师考核的统一标准，也是平时教师工作的准则。

2. 业务档案

建立教师业务档案，及时记载教师教学、科研水平的提高和工作成绩，定期利用档案，分析师资情况，全面掌握教师的业务成长过程，对合理使用人才、选择学术带头人、准确地晋升、有计划有目的地培养人才都具有重要作用。

业务档案的内容大致为：

（1）个人的学历、经历与业务自传。

（2）担任过的主要教学与科研工作和实绩。

（3）国内外进修、考察、讲学及参加学术活动的情况记录。

（4）公开发表的论著、教材、译著等目录及其主要内容，包括对上述著述的评价。

（5）教学、科研、实验等各种考核记载。

（6）创造发明、创作演出、技术革新成果及其鉴定与评价。

（7）确定与提升教师职称呈报表以及业务奖惩等。

教师业务档案一人一档，所收材料必须是能反映教师水平、能力、贡献的事实素材。

业务档案的建立，现有校、教研室或校教研室共同建立使用三种情况。实践证明，校教研室共同建立，校一级统一管理，校教研室与有关部门共同使用比较好。随着科学技术的发展，不少学校已使用电子计算机建立和管理教师的业务档案，是信息容量大，使用方便的先进科学手段，有条件的学校应尽早采用。

第七章 “1+X”证书制度下的计算机应用专业人才平台构建

第一节 学科平台建设

培养“1+X”制度下计算机应用专业创新应用型人才，必须要建设与之匹配的人才培养平台。学校积极探索面向“互联网 +”时代发展需求的多维融合的应用创新型信息技术人才培养平台建设，包括学科基础平台、学生科技创新资源共享平台、学科竞赛与中职学生创业创新项目活动平台、中职学生科技实践与创新工作室、卓越工程师实验班建设等。

学科建设与人才培养是彼此促进，相互依存的。基于学科建设培养高质量应用型人才，能够充分利用学科建设资源，建立人才培养的长效机制。培养高质量人才需要稳定的资金投入，而只有将学科建设与人才培养相结合才能保证资金投入，以学科建设为龙头，实施人才培养、科学研究、基地建设、队伍建设一体化，将人才培养质量纳入学科建设绩效考核指标，通过学科建设目标的实施，才能保证人才培养质量，同时高质量的职业人才培养为学科创新提供有生力量。因此，学科建设与高质量人才培养是相辅相成的。

学校注重学科建设与“1+X”型计算机应用专业人才培养的有机结合，积极发挥学科建设和人才培养互为支撑的作用。学校学科建设中的科研基地建设为“1+X”型信息技术专业人才培养提供了优质的实践与创新基地，同时，持续的科研工作促进高校和企业间保持密切联系与技术协作，为培养高质量应用型人才提供了知识背景与实践环境。此外，学校积极吸纳学生参与学科建设中的科研项目，为学生进行学术研究创造了条件，确保了人才培养经费的投入。

一、学科建设

（一）学科概况

一般情况下，学校可能会拥有计算机应用技术、计算机软件、网络信息安全三个研究所。例如，广西高校重点实验室——“科学计算与智能信息处理实验室”，广西高校重点校地、校企共建科技创新平台——“物流智能控制研究开发实验室”。近三年来，依托科学计算与智能信息处理实验室，建设了模式识别与智能系统实验室、物流智能控制研究开发实验室、深圳杰士安电子科技有限公司、广西测试开发中心、智能信息处理大学生科技实践与创新工作室、智能信息处理实验室。

近年来，中职学校在教育发展和综合实力提升方面采取了多方面的举措，积极改进办学条件，以更好地满足社会和行业需求。中职学校不仅加大了硬件设施的建设投入，为师生提供更加优质的教学和科研环境，还在教学理念和方法上不断推陈出新，努力提高教育质量。与此同时，中职学校高度重视与国内优秀院校的交流合作，通过参加多种形式的学术交流活动和合作项目，学习借鉴先进的办学经验，为自身发展注入新的动力。在这一过程中，中职学校对现有的办学模式进行了全面深入的改革，探索出更具灵活性和前瞻性的教育体系，增强了办学的竞争力和社会影响力。针对企业需求，中职学校以市场为导向，注重提升教师的专业能力和教学水平，鼓励教师深入了解行业动态，不断优化课程内容，使教学更贴近实践。同时，中职学校积极与众多企业建立长期合作关系，深度对接双方资源，共同搭建产学研结合的办学体系。这一体系不仅为学生提供了更多的实习和就业机会，也推动了科研成果的转化和社会服务功能的实现，为地方经济发展和行业进步作出了积极贡献。

总的来说，学校计算机学科历经多年的建设与发展，逐步具备了较为成熟的软实力和硬实力，主要表现为稳健的教研、科研团队为教学保驾护航。教育科研团队不断推进科技创新，注重以科研促教学，既能突出理论与实践一体化教学，又能注重专业学习与知识应用一体化教学，最终达到专业技能与综合素质双丰收的教学目标，培养出“厚基础、重应用”的优质人才，建成了具有勃勃生机的课程教学模式。

成熟的校企合作基地为孵化多样性人才提供平台。实施以与课程相关的主题实验为敲门砖，以教师案例示范操作为讲授主旋律，以实践基地项目为学生创新实践平台的课程教学模式。推行“就业需求 + 专业要求”的课程学习新目标，让学生学了就能会用，构建行之有效的实践教学模式。

多种学业成果展示舞台为激发学生潜能加注强心剂。以技能培养为导向，确立培养“精方向、强能力”的高级专门人才为根本目标，利用学术交流学科竞赛，行业任职认证、多种科技创新项目，教师的科研项目组装起舞台，给学生提供丰富多彩的展示和交流平台，让学生能“走出去”，学习更全面的社会技能和专业技术，搭建了学生喜闻乐见的兴趣培养模式。

（二）建设思路和内容

围绕培养“1+X”导向信息技术专业创新应用型人才，学校的学科建设工作目标是以“政产学研用”为切入点，立足已有的基础与优势，建成区内外有重要影响、具有原始创新能力、结构合理、成果丰硕、高水平的计算机优秀教学科研团队；构建高层次、实用型、国际化的信息技术专业人才培养基地、软件研发基地和高等教育改革的示范基地；建立"政产学研用"紧密结合的协同创新模式和发展机制；形成以地区软件城、科技园等软件产业园为依托，联合科技创新企业，加快科技成果转化及产业化的服务当地特色经济的新模式。

1. 打造学术队伍

通过引进与培养相结合的方式，打造一支年龄、职称、学历结构合理，具有团结协作和奉献精神，学术品行端正，创新能力强的学术队伍；培养和造就一批学术思想活跃、学术造诣较深、在国内乃至国际上有一定影响的学术带头人和学术骨干队伍。

2. 加大资金投入，争取学校、政府部门对重点学科建设经费的资助

积极寻求社会支持，加强横向交流与国际合作，扩大筹资渠道，构建高水平的科研平台和研发基地。

3. 加强学术研究和成果转化

积极争取国家和省级重大科研项目、高新技术项目，开展高水平科学研究和高新技术研究，多出具有重要价值的论文、著作和成果，力争在重大的理论或技术问题上有新的重要突破，推动学校科技成果的产业化进程。

4. 完善科研项目配套制度和科研成果奖励制度

采取倾斜政策，大力支持成效显著的研究方向。

5. 加强学术交流

采取主办和参加国际会议、邀请国内外专家讲学和出国进修等多种方式开展学术交流活动。

6. 以服务地方特色优势产业为目标

逐步构建"政产学研用"协同创新模式和发展机制；形成以当地软件城、科技园等软件产业园为依托、联合区内外著名软件科技创新企业，加快科技成果转化及产业化的服务特色经济的新模式。

7. 加强我国服务产业的意识

为信息化和产业结构调整提供软件服务。加强与相关行业、产业的联系，为当地的工业、农业、服务业等产业信息化服务，加大横向项目研究力度，促进学科的良性发展。

8. 政产学研用

将"政产学研用"协同创新研发、成果转化基地打造成培养学生的创新创业和实习实训基地，构建软件工程学科中职教育改革的示范基地。

9. 建立和完善学科建设管理制度

完善人才引进制度、学科队伍建设（人才补充、培养、评价、激励的机制和制度）、

实验室建设、经费管理制度建设。同时注重对人才的目标考核、绩效考核和过程考核。使学科建设走向制度化、规范化、科学化轨道。

二、实验室建设

（一）建设思路、目标

作为传授知识的传统场所，实验室在学习型经济的催化下，有了新的历史责任：既是全面掌握现有信息和知识的场所，也是一种新知识的创造平台。

这一责任对于以"1+X"为导向的应用创新型人才培养尤为重要。在这个培养目标驱动下，实验室建设的指导思路为：

围绕培养应用型创新创业人才为中心，力求使学生具有以下三大特征。

第一，知识结构多元化。学生不仅具备扎实的基础理论知识和学科专业技术知识，还应具备较完整、系统、丰富的学科专业知识体系。

第二，综合素质高。学生不仅要有良好的专业素养，还要有一定的非专业素养，诸如责任心、心理素质、意志品质、协作能力等。

第三，综合能力强。学生既具有很强的实践动手能力和操作能力，也具有一定的拓展创新能力。

建设目标：根据以上指导思想，实验室要成为这样的"开山斧"，为培养侧重于对理论和知识的掌握及运用，能熟练地将知识转化为应用成果的"桥梁型"人才提供孵化所；为新型、高效的教学方法提供实践平台；为学生将构建的知识进行技术创新和创新开发提供演练校场。要打磨好这把"开山斧"，实验室从两个方面开展建设，第一是建设成强化学生的计算思维、提高知识内化能力的基础教学型实验室；第二是建设成磨炼实践能力和创新能力，以科研项目、应用开发为主导的实践实训平台。将教学、科研和人才培养有机结合，突出资源的有效配置和充分利用，推进实验课程系统化、模块化、个性化、综合化。

（二）教学型实验室建设的总体规划

目前很多学校有软件设计与开发实验室、计算机网络实验室、网络安全实验室、综合布线实验室等。

专业实验室建设的要求：实验室的设备及其性能符合学生培养目标的要求，实验室的设备做到配备完善、性能先进、标准符合国家各项规范，在专业人才培养中能发挥较好的作用。同时，扩大实验室规模，引进新技术设备，使实验室的实验设备能满足实验教学的要求，实验的技术含量能满足当今时代的要求。

在总体建设目标下，详细制定每年度专业实验室的建设规划。在现有的基础上，优先考虑实验开出率，确保资金到位、项目建设到位。确保实验室的经费投入和建设质量，保证专业实验室的建设满足专业教学要求。

对现有实验室与实验设备进行科学整合，提高专业课实验的开出率，逐渐加大综合性和创新性实验的比例。加强专业实验室指导老师的综合素质培养，包括业务培训、岗位责任学习以及实验室仪器、设备的日常维护与管理工作的学习。

主要教学型实验室建设情况如下：

1. 软件设计与开发实验室

软件设计与开发实验室的建设要体现教学理念和实验教学观念的先进性，具有与理论教学既有机结合又相对独立的实验教学体系，实验仪器设备先进实用、满足教学需要，具有网络化的实验教学和实验室管理信息平台，广泛使用计算机辅助实验教学软件和多媒体课件进行实验教学，在推广运用虚拟、仿真实验技术手段的同时，推进虚拟、仿真实验与实际实验的结合，创造学生自主实验、个性化学习的实验环境。有大面积的实验用房，实验使用地高性能计算机，网络服务器和网络交换机，以及相关的计算机软件和配套用桌椅、电力线和网线等。软件设计与开发实验室主要以增强学生的实践能力、创新能力和综合素质为目标，以实验教学改革为核心，以高素质实验教学队伍和先进完备的实验条件为保障，创新管理机制，实现实验教学资源开放共享，全面提高实验教学质量，完成高级语言程序设计、数据结构数据库原理及应用、操作系统、多媒体信息处理等多门专业课和基础课的所有教学实验。

为配合核心课程教学改革，如高级语言程序设计、数据结构、数据库原理与应用等课程，学校应引进程序设计软件实训平台，让学生能够在课后获得更多的训练机会，同时教师也可以以电子档案袋和形成性评价的方式对学生作出公正客观的评价。平台的引入不仅便利了教师的教，也使学生的学更加灵活化、移动化。

利用类似实验平台实验室，针对信息技术专业课程开出一系列各个课程分层次、多模块、知识相互衔接的课程项目实验，同时还开出一系列多课程、多主题、个性化、知识融汇的应用开发型项目实验，为信息技术专业课程基础知识和理论的教与学提供非常实用的虚拟环境。

另外，该实验室还承担了软件技术专业移动开发课程。移动互联网的发展催生了大量新型人才需求，导致移动应用策划、开发、测试、设计相关的人才缺口越来越大。终端作为移动互联网最直接的部分，按操作系统分，当下主要有 IOS、Android、Windows 系统，根据市场分析对 IOS 系统的人才需求量相对较大。因此，建设以 IOS 为主的移动互联程序实训室就显得十分迫切。

建设以 IOS 为主的移动互联程序实训室，一方面，从项目开发所需软硬件环境需求入手，满足开发及教学的软硬件要求；另一方面，从 IOS 人才培养的教学角度出发，通过以项目为主导的方式进行 IOS 专业人才的培养。

2. 计算机网络实验室

对于计算机网络课程来说，实验课的重要性并不亚于理论课。学生毕业后有可能会从事通信系统、通信网络、通信设备等的设计、研发与维护，这都需要过硬的理论与实际动手能力，所以实验室配置的状况对培养学生的综合能力将起决定性的作用。因此，要不断增强学生对知识的综合运用能力，对已学知识的全面运用，加强学生对计算机网络的深刻理解。对计算机网络实验室的建设规划采取自顶向下的设计方法，分为以下步骤：

（1）可采用先基础、后专业、再综合的原则。在实验室的仪器仪表的购置上应考虑学生用大众化仪器仪表，同时配置部分高档仪表，这样一方面可提高实验室的档次，另一方面可为科研提供较好的仪器仪表。

（2）在具体基础性实验室的筹建上，首先确定其能够满足全体学生做实验，力争做到一人一机，提高实验效果。

（3）在专业性实验室或是综合性实验室建设方面，保障新技术实验室的建设，在设备的购置上可保证两人一机。专业实验室对设备的选型更为讲究，一般选择技术先进、具有一定技术力量支撑的供货商，同时可优先参考国内一流院校新实验室的设备选型情况。

3. 综合布线实验室

综合布线实验室承担教学大纲计算机、软件类专业学生计算机网络综合布线方面的实验教学任务，使教师能够进行网络综合布线方面的实训，提高学生的实践经验和动手能力，毕业前熟练掌握网络综合布线基本操作方法和经验，为计算机和软件行业培养一批有知识、懂专业技术、熟练掌握网络综合布线操作技术的专业人才提供硬件保障，满足快速发展的网络和通信行业的需求。该实验室注重凸显以下特点。

（1）开放性。整个实验室采用开放式的体系结构，符合多种国际上现行的标准，所有接插件全部采用模块标准部件，可方便地扩充和重新配置。

（2）实用性。在实验室能够完成工作区子系统、配线子系统、干线子系统、管理子系统和设备间子系统的实验内容；可以使用非屏蔽超五类双绞线、非屏蔽六类双绞线和光纤等各种传输媒体；可以完成非屏蔽双绞线基于快速以太网和千兆以太网的现场测试内容。

（3）灵活性。整个实验室采用模块化的方式进行设计，可以根据实验内容对各模块进行灵活地调整。同时所有模块均可拆卸和重新安装，方便实验室的搬迁。

（4）经济性。除了缆线、PVC 线槽、PVC 管、RJ 接头等必要的耗材外，其余均可重复使用。综合布线实验室主要分为展示区、实验区和宣传区三大部分。①展示区。展示区为已制作安装完毕的一个基于标准的综合布线系统，包括工作区子系统、配线子系统、干线子系统、管理子系统和设备间子系统。展示区的作用是示范，让学生能够清楚地观察到这五个子系统的组成结构、布线路由和布线方法。②实验区。实验区由六个小实验分区和一个独立的设备间组成，可以完成分组实验；所有实验分区的线缆，最终接入该子系统；提供学生动手进行实验操作的场所和提供实验所需要的各种器材。③宣传区。宣传区放置综合布线系统资料彩喷海报；放置综合布线系统立体模型；放置综合布线系统相关配件和器材。

三、实例介绍

在 2024 年世界职业院校技能大赛总决赛争夺赛（中职组）赛项中，上海信息技术学校有 5 个项目参赛，取得了 2 金 2 银的好成绩！其中，上海信息技术学校参赛团队荣获“产品数字化设计与开发”赛项和“大数据应用与服务”赛项金奖，比赛结果不仅展示了学生扎实的专业技能与综合素养，也充分体现了学校在技能培养和实训教学方面的强大实力和独特优势。

（一）实训中心简介

上海信息技术学校信息技术（计算机）开放实训中心，是上海市职业教育开放实训中心首批立项建设单位。在上海市教委的领导、华谊集团和支持下，历时半年建成。该中心较好地体现了训练模块职业化、教学过程项目化、环境设计企业化、学员技能专业化的信息技术职教特色，实训中心设有 400 余个实训工位、面积为 2550 平方米。能满足多媒体媒体应用技术、计算机软件、计算机网络技术、计算机及应用专业学生专业技能实训和职教师资培训、信息技术类职业技能培训与鉴定的需求，提供虚拟现实角色动画开发、电视节目制作、综合布线、自主项目开发研究、团队创业等 80 多个实训项目，设有音视频制作实训室、虚拟现实制作室、网络总控工作室、动漫与广告设计室等 14 个主要实训室。

（二）实训中心的培训内容

1. 扎实的理论知识

理论知识是技能形成的重要基础，它为技能学习提供了必要的指导和框架。理论学习不仅能够加快操作技能的掌握，还能有效减少技能形成过程中可能出现的错误。例如，通过系统的理论学习，学生可以更深入地理解操作的原理和步骤，从而在实际操作中避免盲目性，提升效率和准确性。

然而，仅靠单纯的操作训练难以全面提升技能水平。如果没有扎实的理论作为支撑，操作技能很可能流于机械模仿，缺乏进一步发展的潜力。理论与实践的结合是技能培养的关键。通过理论学习，学生能够对操作过程有更全面的认识，在实践中实现知识的运用与巩固。

2. 注重培养心智技能

心智技能是解决实际问题的关键能力，它以抽象思维为核心，能够指导和优化实践操作的每一步。因此，心智技能被视为操作技能的重要基础。在技能训练中，学生不仅需要掌握具体的操作方法，还需要通过心智活动，如分析、推理和判断，来提高问题解决的效率和精准性。

在实训过程中，学校特别注重学生思维能力的培养，强调理论知识与实际操作的深度融合。教学中，通过任务导向和情境式教学方法，引导学生在完成操作任务的同时，主动分析问题、规划步骤、评估结果，从而在动手实践中提高心智技能。同时，通过设计综合性和挑战性项目，激发学生的逻辑思维和创造力，增强他们在复杂情境下解决问题的能力。

这种注重两种技能融合的培养方式，不仅让学生在技能训练中更加主动和高效，还为他们在未来工作中应对复杂任务和创新挑战奠定了坚实的基础。心智技能的提升，使学生从单纯的任务执行者成长为具备思考能力的职业人才，进一步增强了职业教育的核心竞争力。

3. 重视训练过程

技能训练是职业教育的重要环节，其效果直接关系到学生技能的掌握程度和职业发展潜力。在训练过程中，目标明确、方法科学、指导到位是提升训练质量的关键。科学合理的训练方法可以帮助学生更高效地掌握技能，同时培养他们解决问题和创新的能力。

在训练开始时，明确的目标和清晰的计划尤为重要。学生需要清楚地了解学习内容、技能要求和达成标准，从而在训练中始终保持方向感和动力。同时，针对不同的技能类型（如简单技能、复杂技能、工具性技能等），制定相应的训练方案，分步骤、分阶段进行教学，确保学生能够循序渐进地掌握技能。每一阶段的训练还会强调注意事项，例如常见错误、安全防护措施等，为学生提供全方位的指导。

学校一直注重实践教学，与多家企业建立了紧密的合作关系，为学生提供了丰富的实习实训机会。通过校企合作，学生不仅能够掌握前沿技术，还能够提前适应职场环境，提高就业竞争力。如：成立产教融合数字化设计与制造工作室，以企业项目实战经历提升学生技能水平。通过模拟竞赛养成选手决断、得分的能力，训练成果取得较大突破。

此外，学校还特别重视训练过程的科学性和灵活性，这不仅让学生掌握了扎实的技能，也帮助他们在职业素养、问题解决能力和创新意识等方面得到了全面提升。这种注重过程的训练模式，为学生未来的职业发展奠定了坚实的基础，同时也提升了学校的教学质量和办学声誉。

4. 强化训练是关键

强化训练是技能提升的核心环节，通过高强度、针对性的练习，学生能够在实践中巩固理论知识，优化操作技能，从而达到熟练甚至精通的水平。强化训练的科学性和系统性决定了学生技能发展的高度，同时为应对大赛或实际工作中的复杂挑战提供了坚实的保障。

在强化训练过程中，理论与操作的交替进行是关键策略之一。通过理论学习，学生能够深入理解技能背后的逻辑和原理，而在实际操作中，这些理论知识会转化为具体的行动指导。为帮助学生总结经验和发现问题。

强化训练还特别注重解决训练中的"瓶颈"问题。这些"瓶颈"可能是学生在某一操作环节上反复出现失误，也可能是设备操作中的常见故障。如果不及时解决，这些问题可能导致后续训练无法顺利进行。为此，教师和学生会共同研究"瓶颈"点，通过反复演练和针对性指导，帮助学生克服困难，提升训练效率。同时，学院还会针对设备可能出现的技术问题开展专项培训，使学生能够在操作中迅速应对突发状况。

在强化训练的最后阶段，参赛团队经过多次组织项目的模拟展示和讨论会议，不断完善比赛实施方案。根据赛项特点，指导教师结合产教融合的实际需求，根据选手的专业技能和特长，制定科学合理的备赛计划。选手们分工明确，高效协同，技能互补，共同应对比赛挑战。

通过这种理论与实践结合、问题解决与专项补强并行的强化训练模式，学生的操作技能不仅得到了全面的提升，还具备了更强的适应能力和抗压能力。这种训练方式在全国技能大赛和实际工作中都取得了显著成效，充分体现了强化训练在技能培养中的关键作用。

5. 基础设施是保障

完善的基础设施是科学训练和高质量技能培养的根本保障。设备和设施不仅直接影响训练的质量，也决定了学生能否在接近实际工作环境的条件下高效学习和练习。因此，学校高度重视实训基础设施的建设与优化，为学生提供了现代化、专业化的实训环境。

此外，为了保障技能大赛的针对性训练，学院还定期更新大赛指定设备。每次大赛前，学院都会根据比赛要求采购或升级相关设备，确保选手能在与比赛一致的条件下进行高强度训练。这种针对性的设备配置，不仅显著提高了学生的适应能力和竞争力，也推动了实训中心的改革与发展，形成了"以赛促教、以赛促学"的良性循环。

通过不断完善和更新基础设施，学院为学生提供了良好的学习环境，确保了技能培养的科学性和高效性。完善的设施不仅满足了日常教学和实训需求，也为学校在全国技能大赛中取得优异成绩提供了有力支持，进一步巩固了学校的行业领先地位。

（三）产业服务效果

在创建"优质中职学校培育项目"过程中，上海信息技术学校以"服务信息化发展、应用信息化办学"为特色，不断深化产教融合内涵，建设 2 个高水平产教融合基地，同时利用“数字孪生”技术建造国家级虚拟仿真实训室，通过“三驾马车”不仅提升本校高技能人才培养质量，成为既能升学、又能就业的“双料人才”，还辐射周边地区及院校，服务地方企业和产业发展，服务社会。

四、实习实训基地建设

（一）实习实训基地建设存在的问题

实践教学作为中职学校计算机应用专业教学的重要组成部分，是培养高质量人才必不可少的环节。当前，建立实习实训基地是计算机应用专业教学的一个发展趋势，不少学校在实践当中，取得了较好的教学效果。然而，学校在实习实训基地建设过程中，也普遍存在一些问题，主要表现在以下三个方面。

1. 学校对基地建设缺乏长远规划

很多学校的计算机专业教学虽然有实践教学的计划，但没有一个基地建设的长远规划，实习实训基本上处于一个松散的过程，达不到应有的效果。

2. 企业和学校对基地建设目标不同

企业希望来基地实习的学生在实习过程中，能够为企业做一些实实在在的贡献。而学校希望学生在实习过程中，主要是进一步加深对专业知识的理解，能够将理论知识转化成具体的解决实际问题的能力。由于出发点不同，导致实习实训达不到应有的效果。

3. 学校和企业对基地建设积极性不高且投入不足

有些学校办学经费不足，不愿把经费投到基地建设上，使基地处于可有可无的状态。对于企业来说，安排学生实习，需要支付学生在实习期间的一些费用，有些企业由于各种原因不愿意投入这笔经费。

（二）实习实训基地建设的原则、内容

为充分发挥基地在实践教学与人才培养中的作用，实习实训基地建设要遵从一定的原则、沿着正确的途径进行。主要有以下几点。

1. 基地建设原则

（1）质量优先原则。实力强大的企业通常拥有先进的设备、技术精湛的员工，企业研发项目多，员工具有项目开发与管理的经验，学生在实训过程中遇到的问题能够得到及时地解决，实训在一个相对稳定的企业进行，可以保证实训内容的顺利开展。

（2）产学研相结合。基地建设需要学校与企业进行密切合作，发挥各自优势，达到一个双赢的局面。

（3）示范性原则。在建设实习实训基地时，要强调其在培养学生工程意识、工程实践能力、创新能力等方面应具有典型性和示范性作用，并以此为导向激励和推动基地建设形成良性循环，不断有序、高质量向前发展。

（4）开放性原则。在条件允许的情况下，学生可以根据自己的情况，随时到基地进

行学习和实践。

2. 基地建设内容

（1）基地建设要有长远规划。制定一个基地建设的长远规划，以适应未来不断变化的实践教学与企业业务提升的需要。基地规划要由校企双方联合制定，规划一旦制定，就要严格遵照执行，以便日后对实习实训工作进行总结与评价，进一步调整实践教学内容、改进教学方法，使学生的实习实训能够在制度保障的前提下高质量完成。

（2）实习实训内容设置。计算机应用专业教学计划的课程体系结构一般包括通识课程、专业理论课程和实践课程三个部分。通过这些课程的学习与实践，培养和构建学生的计算机思维能力，算法设计与分析能力，程序设计与软件开发能力，计算机系统的认知、分析、设计能力。实习实训为教学理论联系实践搭建了一座桥梁，实习实训内容可以分为面向毕业设计和面向课程阶段学习的两部分内容。实习实训以面向任务或案例、项目的方式进行，要覆盖课程所涉及的知识点，内容可以由专业教师和企业相关人员共同确定。

（3）师资培训。做好专业课程教师队伍的建设与管理，是搞好课堂教学和实践教学的必需。师资培训能够建立校企双方良好的合作关系。通过培训，使老师能够走出校门进入企业，参与企业的项目开发运作管理活动，将在企业学到的相关技术和管理经验带回课堂，为更有效地指导学生实习实践做必要的知识及能力储备。

（三）实习实训基地建设思路

基地建设对大多数学校来说，是选用一个现有的实训场所进行建设的，并不需要从零开始建设一个基地，实习实训基地建设思路主要围绕以下几个方面。

1. 必须明确校方与基地方的权责，一开始就要把实习实训工作纳入正确的轨道

对于基地方来说，应该能够给实训的学生提供良好的实习环境和优质的实训资源；而实训的学生必须遵守基地的规章制度，围绕基地相关业务在技术人员的指导下进行实训。

2. 要和基地方协商，根据基地当时的业务，对毕业班学生到基地实训进行规划

要明确实训目的和实训内容，使学生通过实训，掌握项目开发的基本流程、软件开发的主流技术，以及信息技术公司运作与管理的流程和制度，为毕业生就业打下一个良好的基础。

3. 协调聘请基地高级技术人员

协调聘请基地高级技术人员参与指导学生的课内外学习，提高学生的创新能力和实践能力，也可以聘请基地高级技术人员参与指导毕业生的毕业论文写作。

4. 建立并加强教师与基地间的联系，在合作申报省级或国家级的科研项目、进行软件平台的开发方面，互相协作，促进双方科研能力与水平的提高。平时多开展软件开发的交流活动，基地企业可以派一些技术骨干到学校来开讲座，与学生开展交流活动。为

加强与基地的联系，学校要指定专人负责示范性实习实训基地的建立、管理与联系工作。双方领导每年应该定期进行几次见面研讨，商定每年双方合作与开展工作的各项事宜，为实习实训基地开展工作打好基础。每年除了送毕业班学生到实习实训基地实训以外，学校平时还应组织学生到基地参观学习，选送一些基础较好的学生到基地接受培训。每年要开设多场讲座，进行交流活动，以促进学生对实习实训基地的了解。

第二节 学生科技创新资源共享平台建设

科技创新是推动社会进步和经济发展的重要驱动力，而学生是国家科技创新的未来和希望。然而，目前我国职业院校科技创新资源分布不均，信息不对称，导致了资源浪费和创新能力的不充分发挥。为了解决这一问题，建立一个学生科技创新资源共享平台势在必行。

中职学生科技活动是指中职学校为提升中职学生的科学素质，树立学生的科学精神，培养中职学生的科学道德，提高学生的创新能力与实践能力而开展的科学技术活动。其主要形式有科普宣传、科技竞赛、科技服务、社会调查、科技参观、科技交流、科技开发与应用、科技作品展示等。

一、背景分析

随着科技的不断发展，中职学生在科技创新方面的热情也越来越高涨。许多学生都希望在课程学习之余，能够参与到科技创新的实践中，展示自己的才华和创造力。然而，由于学校和地区之间的资源差异以及信息不对称，很多学生在科技创新方面缺乏必要的支持和平台。

二、现状问题

目前，中职学生科技创新面临着诸多问题。首先是资源分布不均的问题。一些地区和学校拥有较为丰富的科技创新资源，而另一些地区和学校则面临资源匮乏的局面。

这种资源分布不均导致了创新能力的不平衡，使得一些中职学生在科技创新方面处于劣势地位。

另外，中职学生在科技创新方面缺乏交流和合作的机会。由于信息不对称，学生很难获取到其他地区或学校的科技创新成果和经验，无法进行有效的交流和学习。这限制了中职学生的创新能力的提高，也限制了科技创新的发展。

三、建立科技创新资源共享平台的意义

建立学生科技创新资源共享平台具有重要的意义。首先，科技创新资源共享可以打

破地域限制，将优秀的科技创新资源共享给所有学生。这样，即使是处于资源匮乏地区或学校的学生也能够获得优质的学习资源，提高自己的科技创新水平。

此外，资源共享可以促进学生之间的交流与合作。中职学生可以通过共享平台了解其他地区或学校的科技创新成果，与其他学生建立联系，进行学术交流和合作。这不仅能够拓宽中职学生的视野，还能够促进科技创新能力的提高。

四、科技创新资源共享平台建设的关键要素

为了建立一个有效的学生科技创新资源共享平台，有几个关键要素需要考虑。

首先是平台的信息支持系统。该系统应该能够准确收集和整理全国各地学生的创新资源信息，并提供给所有用户。其次是在线交流合作系统，学生可以通过平台进行交流、合作和共享创新经验。最后是支持机制的建立，平台需要有专业的人员和机构为学生提供支持和指导。

五、科技创新资源共享平台的设计与实施

在学生科技创新资源共享平台的设计和实施过程中，需要遵循一些基本原则。一是开放性原则，即任何学生都可以加入平台和使用平台的资源，并与其他学生进行交流合作。二是公平性原则，平台应该对学生们提供平等的机会和资源，不偏袒任何一方。三是可持续性原则，平台应该具有长期运营的能力，能够为学生提供持续的支持和服务。

（一）科技文化生活平台的建设

中职学校为培养面向未来的应用创新型人才，一方面，可通过校团委、教务处、科研处等有关部门，精心组织课外学术作品“立项、结项”工作，引导科技活动向精品化、项目化方向发展；另一方面，也鼓励各教研室、各学生社团开展经常性的学生科技活动，为学生提供随时可练的科技活动机会，营造乐学好学的科研学术氛围。学校的学生科技活动丰富多彩，有科普知识讲座等科普宣传活动，有机器人大赛等科技竞赛，有“三下乡”社会实践科技服务活动，有参观科技馆等科技调查与交流活动，有“图像处理与数据挖掘”等计算机技术开发与应用研究，还有每年的科技作品展示活动。

校团委牵头组织中职学生参加“挑战杯”，即全国中职学生课外学术科技作品竞赛等活动，从立项到结题“宣传动员—选题辅导—教研室评审—作品初审—作品立项—项目中期考核—项目结题—总结表彰”是该活动的必经环节，这是培养应用创新型人才的好途径。作品中的每个课题都来自实践，都是为了解决实际问题，广大学生尤其是高年级学生参加“挑战杯”式的品牌科研活动，在申报前的调查思考、学术讲座辅导，申报中的项目论证书撰写、反复修改答辩，立项后的开展研究、通过结题验收诸多实践环节中，系统地提高了他们的应用创新能力。有些项目甚至可以与企业合作，建立科技创新平台，申请社会科技基金资助，让学生得到更充分的实战锻炼与经验积累。

（二）科技文化节特色平台的建设

应用创新型人才培养是中职教育适应社会发展的一个必然的、理性的选择。中职学生科技文化活动是提高中职学生综合素质的平台，也是培养创新型人才的有效载体。中职学校可以从以下几个方面着手建设。

从制度上，建立专门领导小组，完善组织管理机构，建立运行评估机制，健全激励保障体系。学院可成立以教学部门为主、学工部门为辅的领导小组，负责对全院学生科技创新活动进行策划、组织和协调，其中包括制定制度措施、进行基地建设、负责资金筹措及科学使用等。

从人力上，建立一支以指导教师为核心，以学生为主体的科技活动团队。既要调动教师指导的积极性，也要激发学生参与的主动性。教学相长，这是开展科技创新品牌活动的关键。从硬件上，创造条件，优化资源，建立基地，校企合作。场地和设备是中职学生进行科技创新活动的物质载体，这是开展科技创新品牌活动的必需。

从策略上，以各类各层级的专业科技竞赛为抓手，激发青年中职学生的使命感与强烈的参与意识，以科技创新活动内在的吸引力引发学生兴趣，将科技应用创新能力的培养转化为学生内在的自觉需求，从而带动中职学生科技创新活动体系有序建设。

六、推动力量的作用

为了推动学生科技创新资源共享平台的建设，需要发挥多方面的作用。学校可以加强与其他学校的合作和交流，共享创新资源。政府可以提供资金和政策支持，鼓励学生参与科技创新活动。科研机构和企业可以提供专业的指导和资源支持，帮助学生实现创新成果的转化。

七、平台的运营管理

平台的运营管理是学生科技创新资源共享平台建设的重要环节。平台管理者应该建立完善的用户管理制度，确保平台的安全和稳定。同时，需要定期更新平台的信息和资源，以满足学生们的需求。此外，平台管理者还应该做好用户反馈和维护工作，积极倾听用户的意见和建议，提高平台的服务质量。

八、效果评估与改进

为了评估学生科技创新资源共享平台的效果，需要制定相应的评估指标和方法。可以通过调查问卷、用户反馈、活动参与度等多种方式进行评估。根据评估结果，对平台进行改进和优化，以提高平台的服务质量和用户满意度。

九、挖掘资源价值，提高平台共享率

中职学生科技创新资源共享平台的建设是一个长期的过程，需要不断挖掘资源潜力并扩大影响。在资源整合和价值挖掘的基础上形成信息的"集聚"效应，实现科技资源规模程度内的优化匹配；科技资源被采集到平台数据库后，相关管理人员要利用文本挖掘、关键词撷取、数据归纳等方式进行深度分析，将资源中的先进工艺、重要技能、关键技术、应用标准等核心价值知识按照专业门类和行业类别进行归纳，形成基于产业、条理清晰的核心知识条目，便于中职教师和企业人员进行检索查询。

注重资源的跨专业、跨学科特性，打破学术壁垒，将具有共通性的技术技能知识、岗位标准规范、工艺流程革新等资源汇集到学生科技创新资源共享平台内部。将区域内的校图书馆、地方性的资源平台及科技管理部门凝聚形成立体互通的网络结构，应用互联网技术、云平台技术及大数据处理等信息技术，实现各级科技主体间的互通互联，保障科技信息及技术资源顺畅流动。另外，可以通过与更多的学校和地区进行合作，扩大学生科技创新资源共享平台的覆盖范围。同时，还可以加强与政府、企业等各方的合作，获取更多的资源和支持。

参考文献

［1］林贵台．信息技术教育：学生信息技术核心素养培育［M］．厦门：厦门大学出版社有限责任公司，2021．

［2］张德成，梁甘冷．大职教理念下中职学校人才培养 4.0 模式研究［M］．北京：现代出版社，2021．

［3］曹莹．“1+X”证书制度的理论与实践研究［M］．郑州：郑州大学出版社，2021．

［4］周楠．创新型人才培养模式探究［M］．长春：吉林大学出版社，2021．

［5］代飞，艾迪．Web 前端开发项目案例教程：HTML5+CSS3+Bootstrap［M］．北京：北京理工大学出版社，2020．

［6］郑爱民，曹锋．探索与实践：校企合作人才培养模式研究［M］．长春：吉林人民出版社，2020．

［7］唐启焕，覃志奎．中职学校信息化发展的策略研究［M］．北京：北京理工大学出版社有限责任公司，2019．

［8］罗伟强．中职计算机网络技术专业课程教学设计与实践案例［M］．北京：航空工业出版社，2019．

［9］孙全智．中职计算机基础教学论［M］．北京：现代出版社，2018．

［10］上海市教育委员会教学研究室，上海市职业技能鉴定中心．上海市中等职业学校“双证融通”专业改革试点工作指南［M］．上海：华东师范大学出版社，2016．

［11］王鹏，夏莹，张俊萍，等．政校企协同推进高等职业教育“双证融通”人才培养改革探索与实践［M］．上海：上海交通大学出版社，2018．

［12］高方银．信息化教学能力培养教程［M］．成都：西南交通大学出版社，2017．

［13］邱才训．中职教育课程建设研究［M］．广州：广东教育出版社，2009．

［14］广东省教育厅，广东省教育研究院．现代职业教育标准体系建设系列丛书中

高职衔接专业教学标准和课程标准计算机网络技术专业［M］. 广州：广东高等教育出版社，2015.

［15］徐健，廖卫华，魏丽丽. 中职生第二课堂活动读本［M］. 北京：中国原子能出版社，2018.

［16］郝素梅. “1+X”管理模式的探索与实践［M］. 北京：现代教育出版社，2015.

［17］崔利明. 略论中职计算机课堂教学［M］. 沈阳：白山出版社，2015.

［18］冯希叶. 信息技术类专业知识理论［M］. 成都：电子科技大学出版社，2015.

［19］张益，李彭妍，于婷婷，等. 中高职衔接技术技能人才培养模式研究［M］. 天津：天津科学技术出版社，2018.

［20］孙利红. 立足产业：服务社会中职技能型人才培养的实践研究［M］. 长春：吉林大学出版社，2012.

［21］田萍，韩媞，崔嘉. 计算机教学模式研究［M］. 北京：光明日报出版社，2016.

［22］谭家德，谭敏. 中职教育内涵发展理论与实践研究人才培养视角［M］. 成都：电子科技大学出版社，2010.